Karl Georg Wieseler

**Eine Untersuchung über den Hebräerbrief**

namentlich seinen Verfasser und seine Leser

Karl Georg Wieseler

**Eine Untersuchung über den Hebräerbrief**
*namentlich seinen Verfasser und seine Leser*

ISBN/EAN: 9783743656789

Hergestellt in Europa, USA, Kanada, Australien, Japan

Cover: Foto ©ninafisch / pixelio.de

Weitere Bücher finden Sie auf **www.hansebooks.com**

Die

# Feier des Geburtstages

## Sr. Majestät des Königs

# FREDERIK'S VII

die

## am 6. October 1860 Mittags 12 Uhr

durch eine Rede

des Herrn Dr. phil. *G. D. E. Weyer*, ordentlichen Professors der Mathematik und
Astronomie,

## im grossen academischen Hörsaale

festlich wird begangen werden,

zeigen hiermit an

## Rector und Consistorium der Christian-Albrechts-Universität.

———

Eine Untersuchung über den Hebräerbrief, namentlich seinen Verfasser und seine Leser. Erste Hälfte.

Von

## Dr. *Karl Wieseler*,

Dr. theol., ordentl. Prof. in der theol. Facultät.

———

## KIEL.

Druck von C. F. Mohr.

1860.

Zur Feier des Geburtstages Seiner Majestät des Königs FREDERIK'S VII, welche am 6. October 1860 um 12 Uhr in dem grossen academischen Hörsaale mit einer deutschen Rede des Herrn Dr. phil. *G. D. E. Weyer*, ordentlichen Professors der Mathematik und Astronomie, begangen wird, laden Rector und Consistorium der hiesigen Christian-Albrechts-Univessität hiemit geziemand ein den hochgeehrten Curator der Universität, die hohen Königl. Militär- und Civilbehörden, die hochverehrlichen Stadtbehörden, die hochwürdige Geistlichkeit, die geehrten Lehrer der Gelehrtenschule, alle Angehörige unserer Universität, sowie sämmtliche Bewohner der Stadt und alle Freunde des Vaterlandes.

Kiel, den 1. October 1860.

$\mathbf{W}$ährend die für die Idee des Kanon und die genaue historische Erforschung des Schriftinhalts so nothwendigen Untersuchungen der neutestamentlichen Einleitungswissenschaft bei der gegenwärtig noch immer herrschenden, vornämlich auf das so - g e n a n n t Praktische oder auch Phantastische gerichteten Zeitströmung in einem nicht geringen Theile selbst der evangelischen Kirche mehr oder weniger ruhen, sind es besonders einige Bücher, zu denen auch der Hebräerbrief gehört, welche wegen ihrer eigenthümlichen Beschaffenheit den Geist der genauern Forschung wach erhalten und bis in die neueste Zeit*) der Gegenstand einer eingehendern Untersuchung gewesen sind. Die Schwierigkeiten, welche der Hebräerbrief in isagogischer Beziehung bietet, hängen namentlich damit zusammen, dass in demselben gegen die gewöhnliche Sitte der neutestamentlichen Briefsteller weder der Verfasser noch die Empfänger ausdrücklich genannt werden und aus verschiedenen Gründen auch die Ansicht der Kirche und ihrer angesehensten Lehrer von Alters her hierüber wie über die kanonische Bedeutung des Briefes zwiespältig gewesen ist. In der That streitet man noch bis in die neueste Zeit nicht so sehr über die Aechtheit und Abfassungszeit des Briefes, als über seinen eigentlichen Verfasser und Leserkreis, wesshalb wir vor Allem die letztgenannten beiden Fragen im Folgenden von neuem zu behandeln denken, wobei wir Gelegenheit

*) Ausser den bekannten Commentaren und Einleitungen ins neue Testament, unter welchen sich die Werke von *Bleek* und *Credner* durch den beigebrachten gelehrten Apparat auszeichnen, sind hier folgende Abhandlungen und Schriften zu nennen: *Ullmann*, Stud. und Krit. 1828. II. S. 377 ff. *Thiersch*, Commentatio historica de epistola ad Hebraeos. Marburg. 1847. *Delitzsch*, Ueber Verfasser und Leser des Hebräerbriefs mit besonderer Berücksichtigung der neuesten Untersuchungen Wieseler's und Thiersch's, in der Zeitschr. für Luther. Theol. u. Kirche von Rudelbach u. Guericke; Jahrg. 1849. S. 250 ff. *Lünemann*, Disput. de literarum, quae ad Hebraeos inscribuntur, primis lectoribus (Götting. Pfingstprogr.) 1853. *C. R. Köstlin*, Ueber den Hebräerbrief mit Rücksicht auf die neuern Untersuchungen desselben, in Baur's und Zeller's Theol. Jahrb. 1853 u. 1854. *Moll*, Christologiae in epistola ad Hebraeos scripta propositae P. I. — III. 1854 — 1859. *Schneckenburger*, Ueber Abfassungszeit und Leserkreis des Hebräerbriefs. Mitgetheilt und mit den spätern Forschungen verglichen von Lic. *Holtzmann*, in Theol. Stud. u. Krit. 1859. *Twesten*, Barnabas in Pieper's evang. Kalender 1858. *Tholuck*, u. Hebräerbrief in Herzog's Realencyklopädie für protest. Theol. u. Kirche. *Riehm*, der Lehrbegriff des Hebräerbriefs. 1858. *Ewald*, Gesch. des Volks Israel Bd. 6. S. 636 ff. Meine Chronologie des apost. Zeitalters S. 479 ff.

1

haben werden, auf die wichtigern Einwendungen, welche gegen die von uns vertretene Ansicht erhoben wurden, prüfend einzugehen.

Die Unächtheit und im Zusammenhange damit die Abfassung unsers Briefs erst im Laufe des zweiten Jahrhunderts ward von der Tübinger Schule, namentlich von *Baur, Schwegler* und früher auch von *C. R. Köstlin* behauptet, welcher letztere indess diese Ansicht in der angeführten scharfsinnigen Abhandlung Theol. Jahrb. 1853. S. 411 ff. 1854 S. 418 ff. selber aufgegeben und eingehend widerlegt hat. Abgesehen davon, dass die Hypothese eines Ausgleichungsprocesses zwischen Paulinismus und Petrinismus sich aus unserm Briefe nicht bestätigen lässt, so muss derselbe noch vor der Zerstörung Jerusalems 70 n. Chr. geschrieben sein. Es ist nämlich ein Hauptzweck unsers Briefs, die Leser dadurch, dass ihnen die unvergleichlich grössere Herrlichkeit des Neuen Bundes gegenüber dem schattenbildlichen Alten Bunde, insbesondere seinen Mittlern und Opfern dargelegt wird, vor dem Ab- und Rückfall in jüdisches Wesen, vornämlich den jüdischen Opferdienst zu schützen, vgl. 13, 9. 13 ff. 12, 15 ff. 10, 25. 5, 11 ff., welche letztere Gefahr überhaupt nur bei noch bestehendem jüdischen Tempelcult gedacht werden kann. Durchgängig wird ferner vom jüdischen Tempel und Tempelcult im Präsens wie von etwas Bestehendem, z. B. 9, 6 — 10, geredet, denn das εἶχεν 9, 1 steht vom Standpuncte des Christen, vgl. 8, 13., für welchen der alte Bund mit seinen Ordnungen bereits aufgehört hat. Es wird 8, 13. noch bewiesen, dass der mosaische Bund mit seinem Opferinstitut der Vernichtung nahe sei; was aber in der Zeit nach zerstörtem Tempel als Grund gegen die Fortdauer des jüdischen Tempeldienstes geltend zu machen besonders nahe lag, das von Christo als Strafe für den Unglauben des Volks geweissagte Gottesgericht der Zerstörung des Tempels wird als eingetreten nirgends hervorgehoben. Ganz anders verfährt der ähnliche Zwecke verfolgende, n a c h der Zerstörung des jüdischen Tempels schreibende und diese in seiner Beweisführung hervorhebende\*) Verfasser des Briefs des Barnabas Cap. 4 u. 16. Ferner beruht die Beweisführung, dass Christus unser himmlischer Hoherpriester ist 8, 3 ff., auf der Voraussetzung der fortdauernden Existenz von i r d i s c h e n Priestern, welche die Opfer nach dem Mose gegebenen göttlichen Gesetze darbringen, und auch 13, 13 ff. setzt die Möglichkeit einer Opfergemeinschaft mit den Angehörigen des irdischen Jerusalem voraus. Auf die Abfassung des Hebräerbriefs vor der Zerstörung Jerusalems führt auch seine Benutzung im ersten Corintherbriefe des römischen Clemens, falls dieser, wie mir nicht unwahrscheinlich ist, vor der Zerstörung Jerusalems geschrieben ist. Seine Abfassung nach

---

\*) Dieser Unterschied wird von *Schneckenburger* u. *Holtzmann* a. a. O. S. 294 übersehen. Dass auch nach der Zerstörung des jüdischen Reiches noch gegen die Uebung des Judaismus, sofern derselbe die Existenz eines Tempels nicht nothwendig voraussetzte, also gegen Beschneidung und andere jüdische Bräuche zu kämpfen war, versteht sich von selbst und ist für die richtig formulirte Frage rücksichtlich des Hebräerbriefes ohne Bedeutung.

der Zerstörung Jerusalems, ja erst gegen Ende des ersten Jahrhunderts zu setzen, ward man theils dadurch veranlasst, dass man das in ihm erwähnte Märtyrium des Paulus zu spät, z. B. wie Eusebius 67 n. Chr., anberaumte, während dasselbe schon 64 n. Chr. Statt hatte, theils durch andere schwerlich stichhaltige Gründe, indem man namentlich die αἰφνίδιοι καὶ ἐπάλληλοι γενόμεναι ἡμῖν συμφοραὶ καὶ περιπτώσεις auf die beiden Verfolgungen der römischen Christen unter Nero und *Diocletian* beziehen wollte. Allerdings kann die Cap. 5 erwähnte Neronische Christenverfolgung nicht allein gemeint sein, zumal wenn diese als eine einzelne bloss momentane zur Zeit des Brandes von Rom gedacht wird, da das ἐπάλληλοι auf mehrere und zwar unmittelbar auf einander folgende Schicksalsschläge zu beziehen ist, von welcher die römischen Christen um die Zeit der Abfassung des Schreibens betroffen wurden. Letztere Zeitbestimmung folgt aus Cap. 1, wo Clemens ausdrücklich sagt, dass jene συμφοραί die Ursache seien, wesshalb die römische Gemeine erst so spät zur Absendung dieses allerdings einige Sorgfalt erfordernden, ausführlichen Sendschreibens gekommen sei. Ebensowenig können aber unter jenen συμφοραί die beiden Christenverfolgungen unter Nero und Domitian zugleich verstanden werden, da sie zeitlich zu sehr von einander getrennt sind, um als ἐπάλληλοι γενόμεναι bezeichnet oder als gemeinsamer Beweggrund der Verzögerung des Sendschreibens betrachtet werden zu können. Vielmehr macht grade jene Stelle Cap. 1, richtig gefasst, die Abfassung des Sendschreibens vor der Zerstörung Jerusalems sehr wahrscheinlich. Die Beziehung jener συμφοραί der römischen Christen auf die Cap. 5 ausdrücklich\*) hervorgehobene Christenverfolgung unter Nero liegt nicht nur an sich besonders nahe und pflegt meistens in irgend einer Weise angenommen zu werden, sondern wird auch dadurch bestätigt, dass jene Neronische Verfolgung in Cap. 5 und Anfang von Cap. 6 mit zu frischen Farben beschrieben ist, als dass sie nicht der allernächsten Vergangenheit angehören sollte. Um die Zeit der Neronischen Verfolgung erklärt sich auch das ἐπάλληλοι sehr leicht. Obwohl nämlich die Hauptverfolgung der römischen Christen nach Tacit. Ann. 15, 44. im Jahre 64 auf Anlass des ihnen fälschlich Schuld gegebenen Brandes von Rom Statt hatte, wobei, wie Tacitus erzählt, sehr viele, unter ihnen der Apostel Petrus,\*\*) in den Neronischen Gärten, d. h. auf dem Vatican unter Hohn getödtet, gekreuzigt und verbrannt wurden, so wiederholten sich doch ihre Verfolgungen unter Nero, und namentlich ist sonst und auch von mir gezeigt worden, dass der Apostel Paulus, welcher nach förmlicher richterlicher Entscheidung auf dem Wege nach Ostia

---

\*) Gegen die Beziehung auf die Christenverfolgung unter Domitian macht mein Freund Dr. *Uhlhorn* in dem Artik. Clemens in Herzog's Realencyklop. S. 726 mit Recht darauf aufmerksam, dass die damaligen Märtyrer (Flavius Clemens und Flavia Domitilla) dann neben denen der Neronischen Verfolgung hätten erwähnt werden müssen.

\*\*) Petrus wurde nach alten Nachrichten damals gekreuzigt, vgl. meine Chronol. des apost. Zeitalt. S. 568 ff.

.

1\*

als römischer Bürger mit dem Beile hingerichtet ward, zwar nicht mit Petrus bei der in Folge des römischen Brandes ausgebrochenen Hauptverfolgung und wie eine spätere Ueberlieferung und der römische Festkalender will, an einem und demselben Tage, wohl aber ziemlich*) gleichzeitig das Märtyrium erlitten hat. Wir haben um diese Zeit also schon zwei auf einander folgende blutige Verfolgungen römischer Christen, den furchtbaren Brand Roms, wodurch der grösste Theil der Bewohner Roms, also gewiss auch die römischen Christen schwer betroffen wurden, die sich daran anschliessenden Gelderpressungen Nero's für den Neubau (Tacit. Ann. 15, 45.), die Verschwörung des Piso im April 65 (Tacit. Ann. 15, 48 — 73. Suet. Ner. 36.), nach deren Entdeckung Schuldige und Unschuldige bestraft wurden und an welcher die Prätorianer betheiligt waren, unter denen sich, wie wir aus Phil. 1, 13. 4, 22. wissen, Christen befanden, welche an sich schon ein Gegenstand des Verdachts waren und von der damals noch lebenden allmächtigen (Ann. 15, 61.) Kaiserin Poppäa, einer jüdischen Proselytin, wenig Gnade zu hoffen hatten, endlich im Herbst 65 eine furchtbare Pest,**) welche nach Sueton und Orosius in Rom 30000 Menschen wegraffte. Mithin lassen sich grade um diese Zeit die ἐπάλληλοι συμφοραί der römischen Christen aufs Beste nachweisen. Ausserdem scheint für die Abfassung des ersten Briefs des Clemens in der Zeit vor der Zerstörung Jerusalems der Umstand zu sprechen, dass letztere am Schlusse von Cap. 6, zumal die Rede von dem „grosse Städte" zerstörenden ζῆλος hier es so sehr nahe legte, sonst gewiss ausdrücklich erwähnt sein würde. Endlich obwohl die Präsentia Cap. 41 und schon Cap. 40 zur Noth***) die sich dem Gesetze gemäss vollziehenden jüdischen Cultushandlungen, abgesehen von ihrem empirischen Bestande, bezeichnen können, (vgl. indess das ἐν Ἱερουσαλὴμ μόνῃ Cap. 41, wo jedenfalls die jüngste Uebung ins Auge gefasst ist), so wird doch auch durch sie die Annahme eines noch bestehenden jüdischen Tempelcults begünstigt, sofern jene -

---

*) A. a. O. S. 548 ff.

**) Tacit. Ann. 16, 13. Tot facinoribus foedum annum etiam dii tempestatibus et mortibus insignivere etc. Oros. hist. 7, 7. (Nero) primus Romae Christianos suppliciis et mortibus adfecit ac per omnes provincias pari persecutione excruciari imperavit: ipsum nomen exstirpare conatus beatissimos Christi apostolos, Petrum cruce, Paulum gladio occidit. Mox acervatim miseram civitatem obortae undique oppressere clades. Nam subsequente auctumno tanta Urbi pestilentia incubuit, ut triginta millia funerum in rationem Libitinae venirent. Vgl. Sueton. Ner. 38.

***) Auch Josephus gebraucht Ant. 3, 6 — 12. zu einer Zeit, wo nicht nur das mosaische, sondern überhaupt das jüdische Heiligthum nicht mehr bestand, in lebhafter Beschreibung der Entstehung, der Einrichtungen und Cultushandlungen des von Mose gegründeten jüdischen Heiligthums Präsentia, indem er entweder die Vergangenheit wie gegenwärtig denkt oder das gottesdienstliche Handeln und die gottesdienstlichen Einrichtungen nach ihrem durch das Gesetz begründeten, dauernden Character beschreibt. Jene Praesentia historica wechseln aber auch hie und da mit Praeteritis und überhaupt ist von vorne herein nach dem ganzen Zusammenhange über ihren Sinn nicht der mindeste Zweifel, so dass auf Josephus des Gegenbeweises wegen nur mit Unrecht hingewiesen werden kann.

Auslegung jedenfalls nicht die zunächstliegende ist. Ist somit der erste Brief des römischen Clemens aller Wahrscheinlichkeit nach noch vor der Zerstörung Jerusalems geschrieben, so folgt das auch für den in ihm bereits benutzten Brief an die Hebräer. Gegenwärtig ist man ziemlich einig darüber, dass der Hebräerbrief erst in dem letzten Jahrzehnt vor der Zerstöruug Jerusalems verfasst ist; näher wird man sagen dürfen — wenigstens genügt das für die Zwecke, die wir hier verfolgen — in den Jahren 64 bis 66 n. Chr. Denn mag unser Brief an palästinensische oder an alexandrinische Leser gerichtet sein, so muss er nach seinem Inhalt spätestens vor Herbst 66 geschrieben sein, wo der jüdische Aufstand gegen die Römerherrschaft in Judäa und Alexandrien bereits ausbrach; und andrerseits, da Hebr. 13, 23 — 24 nach der wahrscheinlichsten Auslegung eine eben beendete Gefangenschaft des Timotheus, des bekannten Gehülfen des Paulus in Italien und den Tod des Apostels Paulus voraussetzt, so muss er frühestens 64 geschrieben sein. S. das Nähere in meiner Chron. des ap. Zeitalt. S. 517 ff. Es ergiebt sich also auch hier zunächst aus chronologischen Gründen, dass, wenn auch nicht der Apostel Paulus, doch ein Apostel oder apostolischer Mann Verfasser unsers Briefs sein kann. Die nicht paulinische Abfassung erhellt übrigens auch aus dem mir nicht zweifelhaften chronologischen Datum, dass Paulus aus der in der Apostelgeschichte beschriebenen römischen Haft nicht wieder frei geworden ist. Denn der Verfasser des Hebräerbriefs befindet sich unstreitig auf freiem[*]) Fusse, da er 13, 23 sonst nicht hätte schreiben können, dass er in Begleitung des Timotheus, vorausgesetzt, dass derselbe bald käme, die Leser sehen wolle, wo also nur die Begleitung des Timotheus, nicht sein eigenes Kommen in Frage gestellt wird.

Indem wir jetzt zur Frage nach dem Verfasser des Hebräerbriefs übergehen, wollen wir zunächst die Ansichten und Traditionen der alten Kirche über denselben untersuchen, theils weil ihr Zeugniss an sich und wegen des theilweise hohen Alters ihrer Nachrichten bei jeder neutestamentlicher Schrift von grossem Gewichte ist, bei unserm Briefe aber um so mehr, als der Verfasser sich nicht selber genannt hat, theils weil die Annahmen über den vermuthlichen Verfasser bis in die jüngste Zeit mehr oder weniger auf die Angaben der alten Kirche fussen, die letztern aber, wie mir scheint, mehrfach missverstanden wurden.

Einverstanden ist man, dass der kirchlichen Geltung und paulinischen Abfassung unsers Briefs die orientalisch alexandrinische Kirche mehr günstig, die occidentalisch römische mehr abgeneigt ist; doch sind hier Zeiten und Maass selbst innerhalb der beiden Theilungen der Kirche noch sehr zu unterscheiden. Indem wir auf die orientalische Kirche sehen, tritt uns als das älteste und wichtigste Zeugniss die wahrscheinlich bald nach der Mitte des zweiten Jahrhunderts[**]) entstandene syrische Uebersetzung

---

*) Die Lesart mehrerer, namentlich jüngerer Handschriften τοῖς δεσμοῖς μου statt τοῖς δεσμοῖς 10, 34. ist, wie gegenwärtig allgemein anerkannt wird, Correctur.

**) Ewald, Geschichte des Volks Israel VII. S. 449.

Peschito entgegen, in welcher sich auch der Hebräerbrief findet, und zwar im Zusammenhange mit folgender Anordnung der neutestamentlichen Schriften: 4 Evangelien und Apostelgeschichte, 13 Briefe des Paulus, abschliessend mit den Pastoralbriefen und dem Briefe an Philemon, der Brief an die Hebräer, endlich die katholischen Briefe, Brief des Jakobus, 1. Petr. und 1. Johann. Wir bemerken dabei, dass alte Uebersetzungen, weil sie die kirchliche Geltung der recipirten Bücher in dem ganzen betreffenden Kreise bezeugen, an sich für die Geschichte des Kanon eine umfassendere Bedeutung haben, als die subjectiven Urtheile einzelner Kirchenlehrer. Aus der Stellung des Hebräerbriefs hinter allen 13 Briefen des Paulus, selbst hinter den Pastoralbriefen und dem Briefe an Philemon,*) folgt augenscheinlich wenigstens dies,

*) Ausnahmsweise steht in dem streng chronologisch geordneten Kanon des Marcion, wo aber die Pastoralbriefe fehlen, (vgl. m. Chronol. S. 229 ff.) der Brief an Philemon vor dem Philipperbrief, um mit den gleichzeitig verfassten Briefen an die Epheser und Colosser zusammengestellt zu werden; ferner in der Stichometrie des cod. Claromont. (bei Tischend. Nov. Test. ed. 7. I. p. CLXXXI) stehen die Pastoralbriefe schon gleich nach dem Briefe an die Epheser, wohl weil wenigstens auch die beiden Briefe an Timotheus nach Ephesus gerichtet sind. Aber ich erinnere mich keines neutest. Verzeichnisses, in welchem alle Pastoralbriefe zugleich mit dem Brief an Philemon, wie in der Peschito, ans Ende gestellt wären, ohne die Paulinischen Briefe zu schliessen, wofür im Texte die innern Ursachen angegeben sind, vgl. auch *Volkmar*, bei *Credner*, Geschichte des neut. Kanon S. 394 ff. Es nimmt mich Wunder, dass *Delitzsch*, anerkannte Thatsachen aus der Geschichte des neutest. Kanon verkennend, in der S. 1 angeführten Abhandl. S. 510. gegen meine Schlussfolgerung aus der Stellung des Hebräerbriefs in der Peschito unter Berufung auf *Bleek*, Einleitung § 45. einwendet, diese Stellung als der 14te der paulinischen Briefe habe der Brief auch Anfangs in der griechischen Kirche gehabt, was nach Delitzsch bei seiner Anonymität die natürliche sein soll. Auch mir ist es wie Bleek nicht zweifelhaft, dass unser Brief überall und namentlich auch in der griechisch alexandrinischen Kirche, wo er schon sehr frühzeitig eine kirchliche Geltung hatte, ursprünglich hinter den 13 Paulinern stand und erst später, weil seine paulinische Abstammung bereits entschieden war, in Handschriften und Verzeichnissen mitten unter die Paulinen und zwar meistens an den Schluss der übrigen Briefe an Gemeinen gestellt ward. Aber daraus folgt ja nur, dass er auch in der griechischen Kirche ursprünglich nicht als Brief des Paulus, sondern als eines von ihm verschiedenen apostolischen Mannes angesehen ward. Aehnlich hat auch *Bleek* a. a. O. S. 171. aus jener Stellung des Hebräerbriefs wenigstens geschlossen, dass man über seinen Verfasser in Ungewissheit oder wenigstens zweifelhaft war, ob er von Paulus sei [diese vermeintliche Ungewissheit rücksichtlich des Verfassers passt allerdings besser zu Bleek's Apolloshypothese, aber weniger zur kirchlichen Reception des Briefs in solche Documente wie die Peschito]. Wenn dagegen Delitzsch die auch von ihm als ursprünglich angenommene Stellung des Hebräerbriefs hinter den sämmtlichen Paulinen als Beweis seiner paulinischen Abkunft ansieht, weil sie bei seiner „Anonymität" die natürliche sei, so ist das schwer zu begreifen. Also die Urheber jener Reihenfolge, denen der paulinische Ursprung des Briefs vollkommen bekannt und gewiss war, sollen ihn von den übrigen Briefen an Gemeinen, die man, wie wir wissen, zusammenzustellen pflegte, streng gesondert haben, bloss aus dem formalen Grunde, dass er anonym d. i. ohne Nennung des Verfassers in einer vorangesetzten Addresse ergangen war! Man sollte meinen, dieser letztere Umstand hätte sogar eher umgekehrt, um nämlich keine Zweifel über seinen wahren Verfasser zu erregen, die Anwendung der sonst geltenden Regel einer Zusammenordnung der paulinischen Gemeinebriefe auch auf unsern Brief unterstützen und die Stellung desselben mindestens vor den Pastoralbriefen, wie später der Fall war, veranlassen müssen.

dass die syrische Kirche zur Entstehungszeit der Peschito den Hebräerbrief n i c h t dem Apostel *Paulus* beigelegt haben kann, wozu stimmt, dass die Peschito ihn bloss als epistola ad Hebraeos, und erst die spätere, von den Griechen abhängige syrische Uebersetzung als epistola Pauli ad Hebraeos bezeichnet. Denn es ist aus der Geschichte des neutestamentlichen Kanon, z. B. dem sogenannten Muratorischen Kanon hinreichend bekannt, dass unter den Paulinen die genannten ihrer Bestimmung für Einzelpersonen oder auch ihrer Kürze und ihres bedeutsamen Inhalts wegen Anfangs hie und da beanstandet und aus innern Gründen namentlich auch allgemein h i n t e r die an ganze G e m e i n e n gerichteten gesetzt wurden, so dass der an eine Gemeine gerichtete inhaltreiche Hebräerbrief, wenn er als Werk des Paulus angesehen wäre, in der Peschito unmöglich an eine spätere Stelle hätte gestellt werden können. Wem hat die Peschito ihn denn sonst beigelegt, wenn nicht dem Paulus? Unstreitig ward an einen bestimmten Verfasser gedacht, weil er sonst nicht recipirt[*]) wäre; und wenn wir das hohe Alter der Peschito bedenken und dass sie ausser den Evangelien, den 13 Paulinen und dem Hebräerbriefe nur noch den Brief an Jakobus, den ersten an Petrus und den ersten an Johannes in ihren Kanon aufgenommen hat, so können wir nicht zweifeln, dass sie auch den Hebräerbrief nur einem Manne beigelegt haben kann, der mit Recht Anspruch auf den Namen eines Apostels machen durfte. Nimmt man den deutlich vorliegenden Inhalt des Briefes hinzu, welcher einen ebenbürtigen Genossen und Geistesverwandten des Paulus voraussetzt, ferner, dass der Hebräerbrief fast immer in einem gewissen Zusammenhange mit den paulinischen Briefen, nämlich unmittelbar nach demselben vorkommt, so wüsste ich nicht, an wen man anders denken könnte, als an Barnabas, den selbstständigen Mitarbeiter des Paulus, welcher von Lukas einerseits wie Paulus ἀπόστολος Apostg. 14, 14. genannt, andererseits aber durch die Letztern ausserordentliche apostolische Begabung allmälig in Schatten und in die zweite Linie (vgl. οἱ περὶ Παῦλον Apostg. 13, 13. und die Reihefolge Παῦλος καὶ Βαρνάβας Apostg. 13, 46. 15, 2. 22. ö.) gestellt ward. Hinzukommt, dass in der Tradition der alten Kirche neben der mittelbaren und unmittelbaren paulinischen Abkunft fast nur noch die Autorschaft des Barnabas behauptet wird, und grade für die syrische Kirche, die durch beide gegründet war Apostg. 11, 22 ff., die Aufnahme eines Barnabasbriefes neben den Briefen des Paulus sehr natürlich war. Für die Anordnung des epistolischen Theils der Peschito scheint überhaupt Gal. 2, 9. massgebend gewesen zu sein, und zwar nicht bloss für die Reihenfolge der katholischen[**])

[*]) Vgl. *Credner*, Gesch. des neut. Kanon S. 86.

[**]) Dieselbe Reihenfolge der katholischen Briefe findet sich bekanntlich auch in den griechischen Handschriften, mit geringen Ausnahmen; so wird in der Stichometrie des cod. Charomont. die Ordnung Petrus, Jakobus, Johannes angeführt (vgl. Tischend. a. a. O. S. LXXIII.), aber gerade cod. Charomont. hat auch Gal. 2, 9. die abweichende Lesart, wornach Petrus vor Jakobus erwähnt wird. Obige naheliegende Combination mit Gal. 2, 9. ist auch von *Credner* in seiner

Briefe, Jakobus, Petrus und Johannes, sondern auch für die Briefe der beiden Heidenboten, des Paulus und Barnabas.

Um nun zu andern Zeugnissen über den Hebräerbrief überzugehen, so wird er in der Kirche Asiens am frühesten mit Sicherheit*) bereits von Justin, dem Märtyrer († 166), wie sich aus den von Kirchhofer (Quellensammlung zur Gesch. des neut. Kanons S. 239) aus dem Dial. c. Tryph. in Apol. 1. angeführten Stellen ergiebt, citirt, hier freilich ohne Angabe des Verfassers, so dass wir nur dies erkennen, dass der Brief in den dortigen christlichen Kreisen in Ansehn stand. Für die syrische Kirche fehlen uns leider, abgesehen von dem, was wir aus seiner Stellung in der Peschito schliessen konnten, alle ausdrücklichen Angaben über den Verfasser des Briefs aus jener ältern Zeit. Aber nach Hippolytus in der ersten Hälfte des 3ten Jahrhunderts, welchen wir als Zeugen der dortigen Kirche ansehen dürfen, da er von Antiochien, wie *Gieseler*, Kirchengesch. (4. Ausg.) I. 1. S. 341 ff. aus andern Gründen und seinen vielen exegetischen Schriften nachweisst, nach Portus Romanus übergesiedelt ist, sagt ausdrücklich, wie Stephanus Gobarus bei Phot. bibl. cod. 232. und Photius selber aus eigener Ansicht seiner Werke cod. 121. berichten, dass der Hebräerbrief n i c h t vom Apostel Paulus sei. Auch aus der kleinasiatischen Kirche haben wir aus jener Zeit noch keine Zeugnisse, welche unsern Brief dem Paulus beilegen. Der älteste Canon aus jener Gegend, der des Marcion um die Mitte des 2ten Jahrhunderts, hat bekanntlich alle paulinischen Briefe, mit Ausnahme der an Einzelne gerichteten Pastoralbriefe, aber es fehlt ihm der Hebräerbrief. Wenn wir bedenken, wie ausschliesslich hoch er den Apostel Paulus achtet, so können wir uns des Verdachts kaum erwehren, dass er einen so wichtigen Brief an eine Gemeine in seinen Kanon würde aufgenommen und höchstens durch einige Textesänderungen, die er auch sonst nicht scheute, würde nachgeholfen haben, wenn sein paulinischer Ursprung entschieden festgestanden hätte. Dass der Inhalt des Briefes ihn davon hätte abhalten müssen, kann man nicht sagen, da auch die Manichäer (vgl. Epiph. haeres. LXVI. c. 74.) ihn zu ihren Gunsten zu deuten wissen. Tertullian, der entschiedene Gegner Marcions, macht diesem adv. Marc. V. 20. den Vorwurf, dass er durch Verwerfung der drei Pastoralbriefe auch die Z a h l der Briefe des Paulus gefälscht habe, woraus hervorgeht, dass damals, so viel Tertullian wusste, von den Rechtgläubigen nur d r e iz e h n Briefe des Paulus, mit Ausschluss des Hebräerbriefs, angenommen wurden.

Einl. gemacht, nur ist von ihm die sich daraus ergebende Folgerung rücksichtlich des Hebräerbriefs nicht gezogen, so dass man von mir nicht sagen kann, ich sei auf jene um dieser letztern willen gekommen.

*) Bei Ignatius finden sich sichere Citate blos ad Ephes. c. V. (Hebr. 12, 23) und ad Trall. c. II. (Hebr. 13, 17.) nach der längern Recension. Das sempiternus pontifex der epist. Polycarpi c. XII. ist, wenn der lateinische Text hier ursprünglich ist, wohl eine Anspielung auf den Hebräerbrief, wo Christus im neuen Testament allein ἀρχιερεύς heisst, namentlich auf Hebr. 6. 20. 7, 3., könnte indess auch unmittelbar auf Ps. 110 zurückgehen, was indess nicht wahrscheinlich.

Als ein Zeuge der rechtgläubigen kleinasiatischen Kirche gegen Ende des zweiten Jahrhunderts kann Irenäus, der Schüler des Polycarp, der später nach Lyon in Gallien übersiedelte, angesehen werden. In seinem Hauptwerke adversus haereses finden sich höchstens einige Anspielungen auf den Hebräerbrief, wesshalb Eusebius h. e. 5, 26. besonders hervorhebt, dass er in seinem verloren gegangenen βιβλίον διαλέξεων διαφόρων den Hebräerbrief und die Weisheit Salomos erwähne, einige Aussprüche aus ihnen mittheilend. Hiezu stimmt die Notiz des Stephan Gobarus bei Phot. cod. 232, dass Hippolytus und *Irenäus* behaupten, der Hebräerbrief sei nicht vom Paulus (vgl. *Bleek* a. a. O. I. S. 113 ff.). Irenäus scheint also eine ähnliche Stellung zu unserm Briefe eingenommen zu haben, wie Tertullian, welcher ihn nicht für paulinisch hält, aber doch in untergeordneter Weise gebraucht.

In der orientalischen Kirche sprechen sich die Lehrer der alexandrinischen Kirche am frühesten für den paulinischen Ursprung aus, Anfangs aber doch nur so, dass unser Brief nicht unmittelbar auf den Paulus zurückgeführt wird. Der in der alexandrinischen Kirche entstandene aprokryphe Barnabasbrief zeigt zwar bereits eine Benutzung des Hebräerbriefs, giebt aber über seinen Verfasser keine Auskunft. Der Gnostiker Basilides in Alexandrien (um 125), welcher die kirchlichen Evangelien und die paulinischen Briefe gebraucht, verwarf nach Hieron. prooem. in ep. ad Titum wie Marcion den Hebräerqrief als nicht von einem Apostel Christi (wofür sie den Apostel *Paulus* hielten) verfasst. Da Basilides mehr zu denjenigen Gnostikern gehört zu haben scheint, welche den kirchlichen Kanon annahmen, wie sie ihn vorfanden, vgl. *Reithmayr*, Einl. in d. kanon. Bücher des N. T. S. 98 ff., so scheint der Hebräerbrief darnach zwar in Alexandrien damals recipirt gewesen zu sein, aber nicht als Brief des *Paulus*. Hielt man ihn sonst etwa für einen Brief des Barnabas, so musste des Letztern momentanes Judaisiren Gal. 2, 13. unsern Brief doch bei diesen Gnostikern in ein ungünstiges Licht stellen. Clemens von Alexandrien († 220) gebraucht zuerst den Hebräerbrief in seinen Στρωματεῖς ohne Weiteres als Brief des Paulus; in seinen Hypotyposen hat er sich nach Euseb. h. e. 6, 14. näher dahin ausgesprochen, der Hebräerbrief sei von Paulus, an Hebräer in hebräischer Sprache geschrieben, *Lukas* aber habe ihn sorgfältig übersetzt und für Hebräer herausgegeben; wesshalb dieselbe Farbe rücksichtlich des Ausdrucks sich finde in diesem Briefe und der Apostelgeschichte. Clemens beseitigt dann den Anstoss, dass die Zuschrift „Paulus Apostel" nicht, wie bei den paulinischen Briefen, im Eingange sich findet, damit, dass Paulus, weil er den Brief an Hebräer richtete, welche ein Vorurtheil gegen ihn hegten, sehr verständig nicht im Anfange seinen Namen gesetzt habe, um die Leser nicht abzuschrecken. Der μακάριος πρεσβύτερος wusste, wie Clemens*) hinzufügt, noch

---

*) Die von Eusebius citirten Worte des Clemens lauten: ἤδη δὲ, ὡς ὁ μακάριος ἔλεγε πρεσβύτερος, ἐπεὶ ὁ κύριος ἀπόστολος (Hebr. 3, 1.) ὢν τοῦ παντοκράτορος ἀπεστάλη πρὸς Ἑβραίους, διὰ μετριότητα

2

andere Gründe für die Weglassung jener Zuschrift. Unter jenem ist ziemlich sicher der berühmte Pantänus, der Lehrer und Vorgänger des Clemens in der alexandrinischen Katechetenschule, zu verstehen; denn dieser wird kurz vorher von Eusebius h. e. 6, 13. ausdrücklich als der Gewährsmann mancher Berichte in den Hypotyposen genannt, so wie auch wieder gleich darauf h. e. 6, 14., vgl. 5, 11., in einer Weise erwähnt, dass wenigstens Eusebius an ihn gedacht zu haben scheint. Wir haben hier also zwei Zeugen für den paulinischen Ursprung unsers Briefs, den Pantänus und Clemens. Ob dieser schon vor ihnen in Alexandrien behauptet wurde, wissen wir nicht,\*) da jene sich auf keine ältere Tradition berufen. Möglich ist es, da die Alexandriner dem Hebräerbrief wegen seines Inhalts sehr zugethan waren. Die Geneigtheit, ihn möglichst hoch zu setzen, und die der paulinischen ähnliche Lehrweise, so wie Stellen wie Hebr. 13, 23. 24. mochten Trotz seines Ortes hinter allen Paulinen vorher schon Einzelne dem paulinischen Ursprunge günstig stimmen. Clemens, und wie es scheint, auch Pantänus — denn nach der Darstellung bei Eusebius hat jener seinem Lehrer gewiss auch in diesem Stücke beigestimmt — haben die Hypothese der paulinischen Abkunft trotz der von ihnen erkannten abweichenden Schreibart durch die Annahme einer h e b r ä i s c h e n  G r u n d s c h r i f t des Paulus glaublich zu machen gesucht, so dass die gegenwärtige griechische Form auf den des Griechischen in hohem Grade mächtigen Paulusgehülfen Lukas als Uebersetzer zurückgeführt werden konnte. Diese sich durch ihr Resultat sehr empfehlende Annahme wurde wohl durch die Erinnerung nahe gelegt, dass Paulus einst nach Apostg. 21, 40. 22, 2. in Jerusalem zu seinen Volksgenossen wirklich in hebräischer (aramäischer) Sprache geredet hatte und dass auch das Matthäusevangelium, weil an palästinensische Christen gerichtet, ursprünglich hebräisch geschrieben und dann griechisch gedollmetscht war, wie Pantänus wusste, welcher nach Euseb. h. e. 5, 10. im Oriente das hebräische

ὁ Παῦλος, ὡς ἂν εἰς τὰ ἔθνη ἀπεσταλμένος, οὐκ ἐγγράφει ἑαυτὸν Ἑβραίων ἀπόστολον, διά τε τὴν πρὸς τὸν κύριον τιμὴν διά τε τὸ ἐκ περιουσίας καὶ τοῖς Ἑβραίοις ἐπιστέλλειν, ἐθνῶν κήρυκα ὄντα καὶ ἀπόστολον.

\*\*) *Reithmayr* a. a. O. S. 676. weiss freilich (vgl. auch *Ebrard*, Comment. S. 428 ff.), dass beide, Pantänus und Clemens, den paulinischen Ursprung als etwas ganz Unbezweifeltes voraussetzen, wogegen indess auch die bald zu erörternden Angaben ihres angesehenen Schülers Origenes streiten. Eusebius, welcher möglichst alle Beweise für den paulinischen Ursprung unsers Briefs zusammenstellt, hat jedenfalls bei Clemens selber Nichts von einer ältern Tradition gefunden, weil er sie sonst nicht übergangen haben würde. Ebenso wenig wird jene Voraussetzung durch die ältern, bis dahin von uns untersuchten Zeugnisse selbst des Orients begünstigt. Auch von vorne herein ist es wenig wahrscheinlich, da die unmittelbare Abstammung unsers Briefs von Paulus zu beweisen unmöglich ist, dass die älteste Ueberlieferung auch nur der orientalischen griechischen Kirche in irgend welcher Einstimmigkeit mit jener sollte begonnen haben. Sollte sich ein solches Factum wirklich herausstellen, so müsste man consequenter Weise auch in andern Fällen wenig auf die Ueberlieferung geben. Einen besondern Conservatismus kann ich daher in solchen Behauptungen nicht finden, obwohl wir, die wir die gegentheilige Ansicht vertreten, hie und da nach dieser Seite hin angegriffen werden.

Matthäusevangelium gefunden haben soll. Seit die beiden berühmten Vorsteher der vielbesuchten Katechetenschule Alexandriens, Pantänus und Clemens, die paulinische Abkunft unsers Briefs bewiesen hatten, wird dieselbe in der alexandrinischen Kirche und über ihre Gränze hinaus, namentlich unter den griechischredenden Lehrern der Kirche, immer häufiger gehört. Zu ihren nächsten Schülern gehörten der Bischof Alexander und der ausgezeichnetste Theologe und Kritiker seiner Zeit, Origenes, von denen jener ihre und des Origenes Verehrung in einem an diesen gerichteten Schreiben bei Euseb. h. e. 6, 14. ausgesprochen hat. Dass übrigens die Ansicht des Pantänus und Clemens nicht auf alter ächter Ueberlieferung beruhte, sieht man auch daraus, dass, worüber die Forscher jetzt auch einverstanden sind, der Hebräerbrief nach seiner innern Beschaffenheit und namentlich wegen der Art, wie er einzelne Stellen des A. T. nach dem abweichenden Texte der LXX seiner Erörterung zu Grunde legt, (vgl. auch das nur im Griechischen mögliche Wortspiel mit διαϑήκη 9, 16 ff. und manche andere Wortspiele) ursprünglich griechisch geschrieben sein muss und keine Uebersetzung aus dem Hebräischen sein kann. Diese Annahme wird daher auch von Origenes, der ein besserer Sprachkenner war und namentlich den Text der LXX im Verhältniss zum hebräischen Grundtexte genau untersucht hat, während die Kirchenväter später häufig gar kein Hebräisch verstanden und in solchen Dingen kein Urtheil haben, trotz seiner Vorliebe für den paulinischen Ursprung des Hebräerbriefs mit Recht wieder verworfen. Origines citirt nämlich in seinen Schriften Stellen des Hebräerbriefs ebenfalls häufig als paulinisch, und zwar nicht bloss in möglicher Weise zweifelhaftem Sinne durch Ausdrücke wie κατὰ τὸν ἀπόστολον, was auch z. B. vom Apostel Barnabas stehen könnte, sondern indem er ausdrücklich den Paulus nennt, und er legt dem Letztern Hom. VII. in Josuah., freilich nur nach der allein erhaltenen lateinischen Uebersetzung des Rufinus, gradezu 14 *) Briefe bei. Allerdings aber meint er nicht, wie wir aus seinen verloren gegangenen Homilien zum Hebräerbriefe von Eusebius**) h. e. 6, 25. erfahren, dass der Hebräerbrief von Paulus selber verfasst sei, sondern es sollen nur seine νοήματα, nicht der Ausdruck

*) *Bleek* a. a. O. S. 100 ff. vgl. indess *Credner*, Einleit. S. 479.

**) ῎Ετι πρὸς τούτοις περὶ τῆς πρὸς ῾Εβραίους ἐπιστολῆς ἐν ταῖς εἰς αὐτὴν ὁμιλίαις ταῦτα διαλαμβάνει. „῞Οτι ὁ χαρακτὴρ τῆς λέξεως τῆς πρὸς ῾Εβραίους ἐπιγεγραμμένης ἐπιστολῆς οὐκ ἔχει τὸ ἐν λόγῳ ἰδιωτικὸν τοῦ ἀποστόλου, ὁμολογήσαντος ἑαυτὸν ἰδιώτην εἶναι τῷ λόγῳ, τουτέστι τῇ φράσει, ἀλλά ἐστιν ἡ ἐπιστολὴ συνϑέσει τῆς λέξεως ῾Ελληνικωτέρα, πᾶς ὁ ἐπιστάμενος κρίνειν φράσεων διαφορὰς ὁμολογήσαι ἄν. Πάλιν τε αὖ ὅτι τὰ νοήματα τῆς ἐπιστολῆς ϑαυμάσιά ἐστι καὶ οὐ δεύτερα τῶν ἀποστολικῶν ὁμολογουμένων γραμμάτων, καὶ τοῦτο ἂν συμφήσαι εἶναι ἀληϑὲς πᾶς ὁ προσέχων τῇ ἀναγνώσει ἀποστολικῇ." Τούτοις μεϑ᾽ ἕτερα ἐπιφέρει λέγων. „ἐγὼ δὲ ἀποφαινόμενος εἴποιμ᾽ ἄν, ὅτι τὰ μὲν νοήματα τοῦ ἀποστόλου ἐστίν, ἡ δὲ φράσις καὶ ἡ σύνϑεσις ἀπομνημονεύσαντός τεινος τὰ ἀποστολικὰ καὶ ὡσπερεὶ σχολιογραφήσαντος τὰ εἰρημένα ὑπὸ τοῦ διδασκάλου. Εἴ τις οὖν ἐκκλησία ἔχει ταύτην τὴν ἐπιστολὴν ὡς Παύλου, αὕτη εὐδοκιμείτω καὶ ἐπὶ τούτῳ. Οὐ γὰρ εἰκῆ οἱ ἀρχαῖοι ἄνδρες ὡς Παύλου αὐτὴν παραδεδώκασι. Τίς δὲ ὁ γράψας τὴν ἐπιστολήν, τὸ μὲν ἀληϑὲς ϑεὸς οἶδεν. ῾Η δὲ εἰς ἡμᾶς φϑάσασα ἱστορία, ὑπό τινων μὲν λεγόντων, ὅτι Κλήμης ὁ γενόμενος ἐπίσκοπος ῾Ρωμαίων ἔγραψε τὴν ἐπιστολήν, ὑπό τινων δέ, ὅτι Λουκᾶς ὁ γράψας τὸ εὐαγγέλιον καὶ τὰς πράξεις."

2 *

und die Zusammenstellung von ihm herrühren; jene habe ein Hörer desselben aus dem Gedächtnisse niedergeschrieben und gleichsam mit Scholien begleitet. Wenn also eine Gemeine diesen Brief als paulinisch achte (wie das Origenes selber that), eine solche möge auch in diesem Punkte einen guten Leumund haben; denn nicht ohne Grund hätten die Alten*) (οἱ ἀρχαῖοι ἄνδρες) ihn als paulinisch überliefert. Wer aber jener Schüler sei, welcher den Brief verfasste, das wisse Gott allein. Was aber die an ihn gelangte Forschung in dieser Hinsicht betreffe, so sagten Etliche, es sei der römische Bischof Clemens, Etliche dagegen [zu denen, wie wir gesehen haben, sein Lehrer Clemens gehörte], es sei Lukas, der Verfasser des Evangeliums und der Apostelgeschichte. Also, Origenes stimmt mit seinem Lehrer Clemens darin ganz überein, dass unser gegenwärtiger Hebräerbrief von einem Schüler des Apostels Paulus ist, aber, abgesehen davon, dass er sein Abhängigkeitsverhältniss geringer denkt, da er es nur auf die νοήματα bezieht, so hält er selbst den Namen dieses Paulusschülers für unbestimmbar, theilt aber das Resultat der an ihn gelangten, aber nicht gebilligten dessfallsigen Forschung mit, wornach Etliche den römischen Clemens (unstreitig, weil er den Hebräerbrief stark benutzt hat oder wie Eusebius h. e. 3, 38. und Andere sagen, wegen der Sprachfarbe), Etliche, wie der alexandrinische Clemens, den Lukas, ebenfalls wegen der Sprachfarbe, also aus innern Gründen, für jenen Paulusschüler, der den Brief verfasste, erklärten. Mit andern Worten, Origenes legt unsern Brief einem mit Sicherheit nicht mehr näher zu bestimmenden unmittelbaren Paulusschüler bei, welcher die Lehrgedanken des Apostels so treu und in einer des Apostels so durchaus würdigen Weise wiedergegeben habe, dass man sie auch ohne weiteres (wie er in seinen Schriften selber that) dem Apostel beilegen könne. Seine Gründe für diesen bedingt paulinischen Ursprung sind folgende. Der Stil des

*) Das sind, wenn nicht allein, so doch vornämlich seine abgeschiedenen hochverehrten Lehrer *Pantänus* und *Clemens*, an die er auch bald darauf, wo er Lukas als Verfasser nennt, denkt. Das ἀρχαῖοι ἄνδρες sagt im Allgemeinen dasselbe, was das μακάριος πρεσβύτερος (senior) bei Clemens. Origenes meint wahrscheinlich den Pantänus und Clemens und die von ihnen abhängige Generation. Jedenfalls ist es durchaus überwiesene Voraussetzung, wenn *Hug*, Einleit. II. S. 317. meint, jener Ausdruck, welchen auch er namentlich auf Clemens und Pantänus S. 308. 318. bezieht, scheine uns den Tagen der Apostel nahe zu bringen, oder wenn *Delitzsch*, Hebräerbr. S. XVII. sagt, die Ueberlieferung lautete schlechtweg auf Paulus. Es kann ja Origenes auch nur von einer Ueberlieferung sprechen, welche unsern Brief in nur mittelbarer Weise auf Paulus zurückführte, weil er sonst nicht hätte fortfahren können, dass man den Verfasser unsers Briefs nicht mehr bestimmen könne. Eben Pantänus und Clemens aber hatten unsern Brief nicht unmittelbar auf Paulus zurückgeführt, ein Umstand, der wieder für ihre Identität mit den ἀρχαῖοι ἄνδρες spricht. Vgl. auch *Bleek* a. a. O. S. 107 ff. Nur kann ich es nicht billigen, wenn Bleek Ἱστορία durch „geschichtliche Ueberlieferung" statt durch „Forschung" erklärt. — Es wäre uns jetzt erwünschter, wenn Origenes statt der sonstigen Forschung über den Paulusschüler, welcher die vermeintlich paulinischen Gedanken oder Worte in ein griechisches Gewand kleidete, uns eine geschichtliche Uebersicht der aus seiner Zeit ihm bekannten verschiedenen Meinungen über den Verfasser des Hebräerbriefs hätte mittheilen wollen.

Hebräerbriefs habe nicht das in der Rede Ungeübte, welches der Apostel 2 Cor. 11, 6. von sich selber aussage, sondern sei besser Griechisch, wie jeder zugeben werde, welcher die Unterschiede in der Schreibart zu beurtheilen wisse; andrerseits aber seien die Gedanken des Briefs wunderbar und ständen den allgemein anerkannten Schriften des Apostels nicht nach (οὐ δεύτερα τῶν ἀποστολικῶν ὁμολογουμένων γραμμάτων). Hiermit ist die Hauptsache festgestellt, dass er seines Inhalts wegen jedenfalls eine Stelle im Kanon verdient, auch wenn er nicht vom Apostel *Paulus* sein sollte. Die Beziehung zu Paulus, die namentlich wegen der Phraseologie freilich nur bedingt gedacht wird, erhellt ihm daraus, dass die νοήματα dem Paulus anzugehören scheinen, so wie aus der Ueberlieferung der Alten, d. i. vornämlich seiner Lehrer Pantänus und Clemens. Dass der Hebräerbrief nach den Angaben des Origenes in der Kirche damals aber noch keineswegs den Zweifeln an seinem auch nur unmittelbaren paulinischen Ursprunge entrückt war, sieht man deutlich, wenn Origenes a. a. O. sagt, er stehe den allgemein anerkannten (ὁμολογουμένων) Briefen des Apostels Paulus nicht nach. Hiernach rechnet ihn Origenes selber n i c h t zu den Homologumenen der Paulusbriefe, d. h. im günstigsten, hier wohl richtigen Falle,[*]) nicht zu den Paulusbriefen, welche von a l l e n  c h r i s t l i c h e n  G e m e i n e n als paulinisch anerkannt wurden  Es erhellt aber aus dem Ausdrucke nicht, ob, welche und wie viele G e m e i n e n unsern Brief damals als p a u l i n i s c h anerkannt hatten. Dass dieses auch in den orientalischen[**]) Kreisen, zu welchen Origenes redet, nur erst von dieser und jener Gemeine geschehen sein kann, scheint daraus zu erhellen, dass Origenes, nachdem er die oben erwähnten Beweisgründe angeführt hat, fortfährt: „Wenn a l s o eine Gemeine diesen Brief für paulinisch hält, diese möge auch in diesem Stücke (wie in andern, die von Niemand bestritten werden) einen guten Leumund haben, denn n i c h t  o h n e  G r u n d (wie Origenes vorher gezeigt hatte) haben ihn die Alten (hier ist nicht wieder von Gemeinen, sondern nur von Einzelnen, οἱ ἀρχαῖοι ἄνδρες, vgl. S. 12. Not. 1. die Rede) als paulinisch überliefert." Hier ergiebt sich unsere Behauptung aus dem B e d i n g u n g s s a t z e εἴ τις οὖν ἐκκλησία κ. τ. λ, so wie daraus, dass Origenes eine Gemeine, welche unsern Brief für paulinisch hält, bei den Hörern seiner Homilie förmlich entschuldigen zu müssen glaubt, während er bei der bis in die neuere Zeit gehörten Ansicht von der vermeintlich schon damals wenigstens im Oriente allgemeinen kirchlichen Werthschätzung des Hebräerbriefs als eines P a u l u s briefes eher sich selber wegen seiner freiern Ansicht über den paulinischen Ursprung desselben hätte vertheidigen müssen. Auch noch in der epist. ad Africanum c. 9. und in Matth. 23, 27 ff. nimmt Origenes

---

[*]) Ueber den Sprachgebrauch von ὁμολούγομενον vgl. *Credner*, Geschichte des neut. Kanon S. 101. 196 ff. und über die Stellung insbesondere des Origenes zum Kanon S. 192 ff.

[**]) Die Homilien des Origenes über unsern Brief stammen wohl aus der Zeit seiner Uebersiedelung nach Cäsarea.

auf solche Rücksicht, welche den Hebräerbrief verwerfen ὡς οὐ Παύλῳ γεγραμμένην, die aber nach dem Zusammenhange doch zur Kirche gehören.

Absichtlich haben wir die Zeugnisse des Clemens und Origenes genauer erörtert, weil sie die ältesten ausführlichen aus denjenigen Kreisen sind, von denen aus sich die Annahme des Hebräerbriefs als eines Paulusbriefes über die christliche Kirche verbreitete. Diese Annahme auch über Aegypten hinaus ward nicht bloss durch das grosse Ansehen des Clemens und namentlich des Origenes (vgl. über diesen Gieseler Kirchengesch. II. S. 78 ff.), sondern auch durch die beginnenden christologischen Streitigkeiten in der griechischen Kirche, in welchen der Hebräerbrief aufs Beste verwerthet werden konnte, sehr gefördert. Bei der Gewissheit, seinen paulinischen Ursprung anzuerkennen, gewöhnte man sich in der ganzen orientalisch griechischen Kirche bald immer mehr, ihn, wie Clemens und Origenes, als paulinisch zu citiren. Man dachte dabei gewöhnlich an eine nur mittelbare Ableitung des griechischen Briefs von Paulus. Die über seinen Ursprung ausführlicher handeln, heben dies in verschiedenen Zeiträumen ausdrücklich hervor. Doch pflegte man sich dann lieber an Clemens, nach welchem Paulus selber wenigstens den hebräischen Text verfasst hatte, anzuschliessen, so zwar, dass man als dessen Dollmetscher statt Lukas gemeiniglich den römischen Clemens annahm. Seit Origenes wird unser Brief namentlich in der alexandrinischen Kirche fortwährend als paulinisch betrachtet. S. *Bleek* S. 131 ff. Bis zum Concil von Nicäa und Eusebius erwähnen wir nur die alexandrinischen Bischöfe Dionysius (bei Euseb. h. e. 6, 41.), Petrus und Alexander. Das Concil von Nicäa war auch für den Hebräerbrief von Bedeutung, da dieser in den Vorverhandlungen als paulinisch gebraucht wurde, und die Anhänger der Beschlüsse des Concils im Morgenlande nun um so eher auf seinem paulinischen Ursprunge bestanden. Der Bischof von Cäsarea Eusebius, welcher in seiner eben beendeten Kirchengeschichte sich als einen Kenner der Geschichte der christlichen Kirche und ihres Kanon erwiesen hatte, ward von dem Kaiser Constantin, wie er in dessen vit. 4, 36. erzählt, bald nach dem nicäischen Concil um 332 beauftragt, 50 Exemplare derjenigen göttlichen Schriften, deren Anfertigung und Gebrauch er nach der Lehre der Kirche*) (τῷ τῆς ἐκκλησίας λόγῳ) für besonders nothwendig halte, anfertigen zu lassen, nach dem Zusammenhange, damit sie namentlich in den neu zu erbauenden Kirchen der neuen Kaiserstadt (Constantinopel) verwandt würden, was Eusebius auch that. Hierdurch wurde derjenige Kanon, welcher nach dem Urtheile des Eusebius der Lehre der Kirche gemäss war, in dem wichtigen Constantinopel und in der Nähe des kaiserlichen Hofes eingebürgert. Welches sein neutestamentlicher Kanon war, sehen wir aus Euseb. h. e. 3, 25. An dieser Stelle rechnet er die Briefe des Paulus zu den Homologumenen,

---

*) *Credner*, Geschichte des Kanon S. 208 ff., erklärt jene Worte mit Unrecht ecclesiae ratione habita und zieht aus diesem kaiserlichen Auftrage überhaupt weitgreifende Folgerungen für den Kanon, welche mir mehrfach nicht gegründet scheinen.

und dass er den Hebräerbrief, welchen er hier sonst gar nicht erwähnt haben würde, zu den Paulusbriefen zählt, sehen wir aus h. e. 3, 3., wo er gradezu 14 Paulusbriefe anführt. Nach h. e. 3, 38. soll aber Paulus den Brief nur hebräisch geschrieben und der römische Clemens denselben gedollmetscht haben, weil der Brief des letztern einen ähnlichen Sprachcharakter habe und die Gedanken in den beiderseitigen Schriften sich nahe ständen. Aber derselbe Eusebius bezeichnet ihn an einer andern Stelle h. e. 6, 13. vom objectiven Standpunkte, unstreitig mit Rücksicht auf die Lateiner, wieder als ἀντιλεγόμενον, und erwähnt h. e. 3, 3., dass damals*) sogar noch einzelne Angehörige der griechich orientalischen Kirche, welche nach seiner Ausdrucksweise keine Häretiker gewesen sein können, unter Berufung auf die Lateiner den Hebräerbrief verwarfen.

Das Widerstreben der Kirchen Palästinas und Syriens gegen den paulinischen Ursprung, wovon wir bis auf Origenes noch Spuren nachgewiesen haben und später aus Hieronymus wieder nachweisen werden, hatte schon längere Zeit vor Eusebius, wahrscheinlich namentlich durch des Origenes grossen Einfluss während seines langjährigen Aufenthalts in Cäsarea sehr abgenommen. Von nicht geringer Bedeutung für die syrische Kirche musste auch der Umstand werden, dass auf der in Antiochien wider Paul von Samosata 264 n. Chr. gehaltenen Synode der Hebräerbrief als paulinisch**) gebraucht ward. Selbst noch um die Zeit, wo Eusebius seine Kirchengeschichte verfasste, also auch noch um die Zeit des nicänischen Concils und unmittelbar nachher finden wir, wie wir aus Eusebius ersehen haben, im Oriente einige Gegner unsers Briefs als eines nicht paulinischen. Andererseits sehen wir in der Kirche des hintern Syriens unsern Brief, wie es scheint,***) seit dieser Zeit bei Jacob, Bischof von Nisibis (um 325), und seinem Schüler Ephräm Syrus († 378) bis zu Ebed Jesu herab († 1318) als paulinisch benutzt. Auf dem Concil von Laodicea (363) wurde zuerst der bibl. Kanon kirchlich festgestellt. Nach can. 59 sollen keine βιβλία ἀκανόνιστα in der Kirche gelesen werden. In can. 60****) werden aber unter den kanonischen

<hr>

*) Τοῦ δὲ Παύλου πρόδηλοι καὶ σαφεῖς αἱ δεκατέσσαρες. "Ότι γε μὴν τινες ἠθετήκασι τὴν πρὸς Ἑβραίους, πρὸς τῆς Ῥωμαίων ἐκκλησίας ὡς μὴ Παύλου οὖσαν αὐτὴν ἀντιλέγεσθαι φήσαντες, οὐ δίκαιον ἀγνοεῖν.

**) Vgl. Routh, relig. sacr. I. p. 477. Im Namen einer Synode ist unser Brief hier zuerst als paulinisch citirt. Die Beisitzer dieser Synode werden von Eusebius h. e. 7, 30. genannt.

***) Vgl. Bleek I. S. 146 ff. Credner, Einleit. § 191., wobei aber zu beachten ist, dass der Ausdruck an sich noch nicht nothwendig auf den Apostel Paulus führt und wir die Schriften, namentlich des Jakob von Nisibis nur in einer Uebersetzung haben. Kanonisch war der Hebräerbrief als Bestandtheil der Peschito in der syrischen Kirche unstreitig schon lange.

****) Trotz der einigermassen beachtenswerthen Gründe Credner's (Geschichte des Kanon S. 218 ff.) gegen die Aechtheit des sechszigsten Kanon glaube ich die letztere doch festhalten zu müssen. Dass derselbe bald nachher bei Johannes Scholasticus und insbesondere von der römischen Kirche nicht mehr fortgepflanzt wird, lässt sich aus seinem Ursprunge und seiner Beschaffenheit, sofern es der Kanon des Semiarianers Cyrill von Jerusalem war und im Alten Testamente die

Büchern 14 paulinische Briefe aufgezählt, und der Hebräerbrief nimmt unter ihnen die zehnte Stelle ein, kurz vor den Pastoralbriefen und Philemon. In der alexandrinischen Kirche zeugen in dieser Zeit für den paulinischen Ursprung Athanasius († 373), welcher in seiner 39. epist. fest. 14 Briefe des Paulus erwähnt und den Hebräerbrief an zehnter Stelle setzt, (wie auch die ihm fälschlich beigelegte Synops. scripturae sacr.), Didymus († 395), Theophilus († 412) und Cyrill von Alexandrien († 444). Ebenso der alexandrinische Diakon Euthalius (um 460), welcher aber, ausführlicher über die Frage handelnd, sagt, dass Paulus den Brief hebräisch verfasst habe, dieser aber nach Einigen von Lukas, nach den Meisten von dem römischen Clemens ins Griechische übersetzt sei, welcher *) Ansicht er selber den Vorzug giebt. Ebenso günstig für den paulinischen Ursprung lauten in dieser Zeit auch die Zeugnisse der übrigen griechischen Kirche, von Cyrill von Jerusalem († 389), dessen Bibelkanon wir bereits von der laodiconischen Synode her kennen, Gregor von Nazienz, († 390), Amphilochius von Ikonium in den wahrscheinlich von ihm herrührenden Jambi ad Seleucum, Basilius dem Grossen († 379), Gregor von Nyssa († nach 394), Epiphanius von Cypern († 402), Chrysostomus († 407), Theodor von Mopsveste († 429), Theodoret († 457), welcher aber im prooem. zum Hebräerbr. den griechischen Text, wie Eusebius und Euthalius, dem römischen Clemens beilegt. Um diese Zeit sind es in der griechischen Kirche namentlich noch die Arianer, welche den Hebräerbrief für unächt oder doch nicht für paulinisch halten, vgl. Epiphanius haer. 69, 14., Theodoret a. a. O. Arius selber, welcher alexandrinischer Presbyter war, hat ihn unstreitig zu den

Apokryphen, im Neuen Testamente die Apokalypse fehlten, leicht erklären, denn ein solches Verzeichniss war theils an sich verdächtig geworden, theils entsprach es nicht dem vorgeschrittenen kirchlichen Bedürfniss. Johannes Scholasticus, an den sich in der griechischen Kirche später Zonaras anschliesst, verweist an seiner Stelle auf can. 85 der apostolischen Kanonen, wo im Alten Testamente auch die Apokryphen hinzugenommen werden, im Neuen Test. Clementis ep. II. und Clem. ord. lib. VIII. In der römischen Kirche waren namentlich auch die alttest. Apokryphen und zum Theil auch die Apokalypse zur Geltung gekommen, durch Innocenz (405) in epist. ad Exsuper. und Gelasius (um 496). Der neutest. Kanon des Concils von Laodicea ist wesentlich der des Eusebius in der Kirchengeschichte, welche letztere in dem Decrete des Gelasius zu den apokryphischen Schriften gerechnet, also fast wie verboten wird. So erklärt sich die Weglassung jenes 60. canon an den bekannten Orten sehr natürlich, weit weniger aber, dass ein so beschaffener Bibelkanon später hätte hinzugefügt werden sollen. Es ist ferner nicht wahrscheinlich, dass die Synode, nachdem sie can. 59. decretirt hatte, dass nur die kanonisirten Schriften in der Kirche zu lesen sein, nicht hätte ein Verzeichniss dieser letztern geben sollen. Auch müssen bei der Frage der Aechtheit die Handschriften der canones jener Synode mehr gelten als das Weglassen jenes Kanons in spätern Bearbeitungen, abgesehen davon, dass sich dieses, wie gezeigt, von selbst erklärt. Es wiederholt sich hier nur eine Erscheinung, welche für die kritische Geschichte der ersten christlichen Jahrhunderte von Bedeutung ist, dass man es bei praktisch kirchlichen Zwecken mit den nicht kanonischen Documenten häufig nicht sehr genau nahm.

*) *Zacagni*, collect. monument. vettr. eccles. Graec. p. 523 ff., wo es unter Anderm heisst: πρὸς γὰρ Ἑβραίους τῇ σφῶν διαλέκτῳ γραφεῖσα ὕστερον μεθερμηνευθῆναι λέγεται, ὡς μέν τινες, ὑπὸ Λουκᾶ, ὡς δὲ οἱ πολλοὶ ὑπὸ Κλήμεντος· τοῦ γὰρ καὶ σώζει τὸν χαρακτῆρα.

kanonischen Schriften gezählt, da er ihn in der Formulirung seines Glaubensbekenntnisses*) benutzt, woraus aber noch nicht sicher folgt, dass er ihn für paulinisch hielt. Die Arianer des Epiphanius, welche ihn dem Paulus absprechen, aber sich für ihr christologisches Dogma auf Hebr. 3, 1. 2. berufen, können den Brief immerhin für kanonisch gehalten haben. Aus Theodoret a. a. O. und sonst wissen wir, dass die Arianer und Anomöer den Brief verwarfen. Die Stellung zum Briefe kann bei den Arianern, wie überhaupt in der Kirche, in den verschiedenen Gegenden verschieden gewesen sein, zumal sie Hebr. 3, 1. 2. für sich benutzen konnten. In der gothischen Uebersetzung des Ulphilas fehlt unser Brief. In den erwähnten Jamben des Amphilochius werden τινές genannt, welche ihn für unächt erklären, ohne dass sie grade als Häretiker bezeichnet werden. Im Allgemeinen hat aber Hieronymus wohl für seine Zeit Recht, wenn er epist. 125 ad Evagr. sagt, omnes Graeci recipiunt, d. h. alle kirchlichen Griechen, wie aus ep. 129 ad Dard. erhellt, [vgl. das Nähere später bei Hieronymus]. Die Ansicht der Griechen prägte sich in späterer Zeit auch in mehreren Documenten und in neutestamentlichen Handschriften, die von Alexandrien ausgingen, dahin aus, dass der Hebräerbrief von der Stelle hinter allen Paulinen zu den Paulusbriefen an Gemeinen gesetzt wird (vgl. S. 6.), wie denn Epiphanius haer. 42 zwei Classen von Handschriften erwähnt, wovon die eine ihn an 10ter Stelle hatte, vor den Pastoralbriefen und dem Brief an Philem., die andere nach diesen. Jene Stellung findet sich bei Athanasius, dem Concil von Laodicea, den Jambi ad Seleucum, der Synopsis, Theodoret, Cyrill von Alexandrien, Euthalius, den alten Handschriften A B C H und mehrern Minuskeln und der Memphitischen Uebersetzung. In cod. B finden sich Abtheilungen, aus denen hervorgeht, dass unser Brief gleich nach dem Galaterbrief gelesen wurde. In der Sahidischen Uebersetzung steht er sogar zwischen 2. Kor. u. Gal., was Alles beweiset, dass man namentlich in Aegypten an seinem paulinischen Ursprunge nicht mehr zweifelte.

Wesentlich anders war die Stellung unsers Briefs lange Zeit in der lateinischen Kirche und ihrem Mittelpunkte Rom. Freilich ist er hier so früh bezeugt wie irgendwo, indem er bereits in dem ersten Briefe des römischen Clemens, dessen Abfassung wir S. 5 noch vor die Zerstörung Jerusalems gesetzt haben, benutzt wird. Hieraus erhellt, dass sein Verfasser nach der Meinung des Clemens ein Apostel oder apostolischer Mann war; Näheres erfahren wir indess bei Clemens nicht. Aus der lateinischen, wahrscheinlich italischen Kirche stammt der sogenannte Kanon von Muratori (um 170). Hier sind nur die bekannten 13 Paulusbriefe recipirt, und es wird ausdrücklich gesagt, der Apostel habe, wie der Apokalyptiker Johannes, nur an sieben Gemeinen Briefe geschrieben. Der Hebräerbrief, dessen gänzliche Uebergehung

*) In dem Briefe des Arius an den Bischof Alexander bei Epiphanius haer. 69, 7., wo es heisst: θεὸν γεννήσαντα υἱὸν μονογενῆ πρὸ χρόνων αἰωνίων, δι' οὗ καὶ τοὺς αἰῶνας καὶ τὰ λοιπὰ πεποίηκε (vgl. Hebr. 1, 2.).

3

zumal bei seinem frühzeitigen Gebrauch von Seiten des römischen Clemens befremden würde, ist gleich nach den Paulinen als epistola ad Alexandrinos\*) erwähnt und, weil Pauli nomine ficta, verworfen. Nach einer Ansicht, welche ich a. a. O. in der ersten Abhandlung bereits als möglich gesetzt, in der zweiten aber vorgezogen habe, sind die betreffenden\*\*) Worte zu erklären: Im Umlaufe befindet sich auch ein Brief an die Laodiceer, [ein solcher Brief, welcher wegen Col. 4, 16. vgl. Theodoret z. d. St. und Hieron. catal. 5 untergeschoben ward, ist uns bekanntlich noch erhalten], ein anderer an die Alexandriner, die unter Pauli Namen erdichtet sind, bei der Secte Marcions ist auch mehreres Andere im Umlauf, was in der katholischen Kirche nicht recipirt werden kann, denn Galle darf mit Honig nicht vermischt werden. Wir sehen aus dem Gegensatze zu der Secte Marcions, dass der Brief an die Laodiceer und der Brief an die Alexandriner innerhalb der Kirche im Umlauf war — die nicht häretische Haltung des Laodiceerbriefs ist auch sonst constatirt, vgl. Credner a. a. O. S. 96. — aber der Verfasser des Fragments meinte, sie seien unter Pauli Namen erdichtet — bei dem Briefe an die Laodiceer hatte er ganz Recht — und bekämpfte ihre kirchliche Reception. Also etwa gleichzeitig mit Pantänus in Aegypten, welcher den paulinischen Ursprung des Hebräerbriefs nach S. 10. dort unter den Ersten behauptete, scheint diese Behauptung auch in den lateinischen Briefen des Fragmentisten geltend gemacht zu sein, hier aber, wie aus der Art ihrer Zurückweisung hervorgeht, in häretischer Absicht, etwa, wenn wir auf die damalige Zeitgeschichte der lateinischen Kirche sehen, von Montanisten und Melchisedekianern, welche sich, wie wir wissen, auf unsern Brief beriefen und von denen die erstern als Cataphryger am Schluss des Fragments ausdrücklich erwähnt werden. Wie selbst im Oriente, wo der Hebräerbrief recipirt war, Einige im Gegensatze zu den Vertheidigern des paulinischen Ursprungs unsern Brief ὡς οὐ Παύλῳ γεγραμμένην (vgl. S. 14) verwarfen, so ging auch der Fragmentist im Abendlande, wo er kirchlich allerdings noch nicht recipirt war, im Streite so weit, ihn als Pauli nomine ficta der Reception nicht werth zu erachten. Wenn\*\*\*) gesagt worden ist, die Epistel an die Alexandriner könne, weil sie in Pauli Namen

---

\*) Vgl. meine Abhandl. Stud. u. Krit. 1847. Heft 4. Der Kanon des N. Ts. von Muratori, von Neuem verglichen und im Zusammenhange erläutert, u. ebendas. 1856. Heft 1. So auch *Credner*, Geschichte des neut. Kanon S. 160 ff., welcher also die frühere Bestreitung meiner Behauptung aufgegeben hat, *Volkmar*, bei Credner a. a. O. S. 394 ff., *R. Köstlin* a. a. O., Andere.

\*\*) Fertur etiam ad Laodicenses, alia ad Alexandrinos, Pauli nomine fictae, ad haeresem Marcionis et alia plura (sc. feruntur), quae in catholicam ecclesiam recipi non potest (possunt oder prodest?). Fel enim cum melle misceri non congruit. Unsere oben im Texte vorgetragene grammatische Construction des ad haeresem Marcionis et alia plura (sc. feruntur) hat auch *Gilse* in seiner disputatio über den Muratorischen Kanon 1852. Darüber, dass das ad in dieser Verbindung so viel wie apud bedeutet, vgl. Forcellini, totius latinitatis lexicon unter ad und Handii Tursellinus seu de particulis latinis comment. I. p. 93.

\*\*\*) Von *Delitzsch*, Hebräerb. S. XIII. u. *Länemann* a. a. O. S. 8.

(Pauli nomine) erdichtet sein soll, nicht unser Hebräerbrief sein, da dieser anonym sei, so ist zu erwiedern, dass jener Ausdruck, welcher mit Pauli nomine inscripta nicht zu verwechseln ist, nur bezeichnet, dass der Brief nach der Absicht seines Verfassers durch seine Abfassung den Eindruck machen sollte, als ob er Paulo angehöre, obwohl dies nicht der Fall sei, welcher Eindruck nicht bloss durch Inscription des Namens im Eingange des Briefs, sondern auch durch sonstige Angaben und seine ganze Darstellung, in unserm Falle namentlich durch Stellen wie Hebr. 13, 23. 24. 10, 34. 10, 1., vgl. Col. 2, 17. hervorgerufen werden konnte, wie denn ja auch in der That mit Rücksicht auf diese und ähnliche Stellen von einigen Gegnern des Briefs von den ältesten Zeiten *) bis auf Baur und Schwegler herab derselbe als dem Paulus untergeschoben betrachtet worden ist. In gutem Sinne nennt dagegen z. B. Hieronymus unsern Brief sub nomine Pauli scripta, comment. in Jes. 1. Jene Vermuthung lag für den Fragmentisten auch nicht so sehr fern, da wir wissen,**) und bald näher sehen werden, dass die Häretiker und namentlich auch die Montanisten grade in jener Zeit und jenen Kreisen mancherlei untergeschobene Schriften und insbesondere auch untergeschobene Paulusschriften hatten. Ganz ähnlich überstürzte sich fast gleichzeitig in der römischen Kirche der Presbyter Cajus in seiner Polemik über die Montanisten, wenn er nach Euseb. h. e. 3, 28. und wie wir aus der h. e. 7, 25. angezogenen Stelle des Dionysius von Alexandrien sehen, nicht ohne Vorgänger, die johanneische Apokalypse für ein dem Apostel Johannes untergeschobenes Werk des Cerinth erklärte. Von dem Dialoge des Presbyter Cajus gegen den Montanisten

---

*) Vgl. z. B. Origenes epist. ad Africanum c. 9., Theodoret im prooem. zum Hebräerbr., Jambi ad Seleucum Τινὲς δέ φασι τὴν πρὸς Ἑβραίους νόθον, οὐκ εὖ λέγοντες. Die Stellen Hebr. 13, 23. 10, 34. [nach der (irrigen) Lesart τοῖς δεσμοῖς μου] werden, abgesehen vom Inhalt, von Eusebius bei Zaengni a. a. O. ausdrücklich als Kriterien des paulinischen Ursprungs angeführt. Selbst der Lateiner Philastrius († um 387) weiss die kanonische Beschaffenheit des Hebräerbriefs haer. 89. nur so fest zu halten (s. später), dass quaedam in ihm von Uebelwollenden hinzugefügt sein sollen. Der jüngsten Auslegung Credner's von Pauli nomine fictae, Geschichte des neut. Kanon S. 160 ff., welcher diese Worte als der epistola ad Alexandrinos coordinirtes Subject fasst und dazu feruntur ergänzt, kann ich nicht beistimmen. Er erklärt nämlich: Im Umlauf ist auch ein Brief an die Laodiceer, ein anderer an die Alexandriner (welche dem Paulus nur irriger Weise beigelegt sein sollen), ferner (epistolae) Pauli nomine fictae ad haeresem Marcionis et alia plura. Allein abgesehen davon, dass diese Construction des Pauli nomine fictae gewiss nicht natürlich ist und der Gegensatz der erdichteten von den nur irriger Weise dem Paulus beigelegten Briefen irgendwie hätte angedeutet werden müssen, so war ja unstreitig der Brief an die Laodiceer, welchen auch Credner S. 96 mit Bezug auf Col. 4, 16. entstanden sein lässt, eine epistola Pauli nomine ficta, und muss dies auch dem Fragmentisten gewesen sein, da er vorher ausdrücklich gezeigt hat, dass Paulus nur an sieben namentlich erwähnte Gemeinen, zu denen die laodicëische nicht gehört, geschrieben habe. Mithin ist ohne Zweifel das Pauli nomine fictae auf den apokryphen Brief an die Laodiceer zu beziehen.

**) Vgl. den Schluss des Muratorischen Fragments, ferner Euseb. h. e. 6, 20 (s. unten) und h. e. 5, 18., wo von dem Montanisten Themison erzählt wird: ἐτόλμησε μιμούμενος τὸν ἀπόστολον, καθολικήν τινα συνταξάμενος ἐπιστολήν, κατηχεῖν μὲν τοὺς ἄμεινον αὐτοῦ πεπιστευκότας κ. τ. λ.

3*

Proclus, aus welchem uns Eusebius jene Notiz über die Apokalypse mittheilt, sagt dieser Geschichtschreiber h. e. 6, 20. mit Rücksicht auf den Hebräerbrief, dass Cajus in jenem Dialoge τῶν δι' ἐναντίας (d. i. der Montanisten) τὴν περὶ τὸ συντάττειν καινὰς γραφὰς προπετείαν τε καὶ τόλμαν ἐπιστομίζων, τῶν τοῦ ἱεροῦ ἀποστόλου δεκατριῶν μόνων ἐπιστολῶν μνημονεύει, τὴν πρὸς Ἑβραίους μὴ συναριθμήσας ταῖς λοιπαῖς · ἐπεὶ καὶ εἰς δεῦρο παρὰ Ῥωμαίων τισὶν οὐ νομίζεται τοῦ ἀποστόλου τυγχάνειν. Aus den Anfangsworten erhellt, dass nach des Cajus Meinung die Montanisten, was wir schon wissen, in Bezug auf die Abfassung neuer heiliger Schriften sehr leichtfertig verfuhren. Aber schwerlich will Eusebius mit jenen Worten andeuten, dass sie nach des Cajus Meinung ebenso in Bezug auf den Hebräerbrief verfahren wären, so dass auch Cajus diesen, wie der Muratorische Kanon, für einen dem Paulus, und zwar erst von den Montanisten, untergeschobenen Brief erklärt hätte. Eusebius sagt nur, dass er die Paulusbriefe zählend, ihre Zahl auf dreizehn beschränkte, ohne den Hebräerbrief mit den übrigen (als vierzehnten) mitzuzählen, dass er mithin den Hebräerbrief nicht als Paulusbrief angesehen habe. Hätte Cajus dem Hebräerbriefe den Makel eines untergeschobenen Briefes beigelegt, so würde Eusebius in dem Satze mit ἐπεί schwerlich wie zu seiner Rechtfertigung hinzugefügt haben, dass der Brief auch bis zu seiner Zeit bei etlichen Römern (h. e. 3, 3. sagt er genauer in der lateinischen Kirche) nicht als Schrift des Apostels angesehen werde. So ist auch nach Hieronym. catal. c. 59. und Photius Bibl. cod. 48. zu urtheilen, welche die Notiz des Eusebius wiederholen, ohne die den Montanisten schuld gegebene Leichtfertigkeit in Abfassung neuer Schriften. Der römische Presbyter Cajus spricht also über den Ursprung unsers Briefs dieselbe Ansicht aus, welche von Irenäus und Hippolytus ziemlich gleichzeitig, von dem erstgenannten nur noch etwas früher, ausgesprochen wurde und welche wir bereits kennen gelernt haben, wo wir diese beiden als Zeugen des Orients anführten, während wir sie auch hier erwähnen müssen, da sie später lange im Abendlande lebten und wirkten.

Ein besonders wichtiger Zeuge des Abendlandes aus dieser Zeit, näher der afrikanisch lateinischen Kirche ist ferner Tertullian, namentlich auch insofern, als wir aus ihm zuerst ausdrücklich erfahren, dass diejenigen, welche unsern Brief für ächt hielten, aber dem Paulus absprachen, ihn dem *Barnabas* beilegten. Wie die übrigen Montanisten, welche bei gewissen Todsünden keine Busse zuliessen, beruft sich auch Tertullian für diese Meinung in seiner Schrift de pudicitia c. 20 auf Hebr. 6, 4 ff., also in einem Zusammenhange, wo es ihm sehr daran liegt, den Hebräerbrief möglichst hoch zu stellen, und bei dieser Gelegenheit legt er unsern Brief doch nicht dem Apostel Paulus, sondern nur — und zwar so, dass er darüber allgemeines Einverständniss voraussetzt — dem Apostelgehülfen Barnabas bei, indem er schreibt: Volo autem ex redundantia alicujus etiam comitis apostolorum testimonium superinducere,

idoneum confirmandi. de proximo jure disciplinam magistrorum. Exstat enim et Barnabae titulus ad Hebraeos, adeo satis auctorati (so nach Oehler) viri, ut quem Paulus juxta se constituerit in abstinentiae tenore: „aut ego solus et Barnabas non habemus hoc operandi potestatem?" 1. Cor. 9, 6. Et utique receptior apud ecclesias epistola Barnabae illo apocrypho Pastore moechorum (dem Pastor des Hermes). Hoc qui ab apostolis didicit et cum apostolis docuit, nunquam moecho et fornicatori secundam poenitentiam promissam ab apostolis norat. Diese Angabe des Tertullian über unsern Brief ist um so wichtiger, als er gegenüber einer freiern Bewegung ein besonderes Gewicht auf die Ueberlieferung der apostolischen Kirchen und, was allerdings für die Lateiner charakteristisch ist, namentlich der lateinischen Muttergemeine, der Kirche Roms legt*) (de praescript. c. 36.). Dürfen wir schon deswegen nicht an eine Privatmeinung Tertullians denken, so spricht er ja auch ausdrücklich von einem Barnabae titulus**) ad Hebraeos, woraus, wie auch Credner a. a. O. S. 173. hervorhebt, hervorgeht, dass der Hebräerbrief damals in den Handschriften gradezu als Brief des Barnabas überschrieben war, und Tertullian sagt weiter, dass dieser Brief des *Barnabas* bei den Gemeinen grösseres Ansehen (receptior) hatte, als das Apokryphum des Hirten. Aus dem receptior sehen wir überdies, dass der Hebräerbrief wenigstens in der lateinischen Kirche des Tertullian noch etwa die Stellung eines Antilegomenon einnahm, indem er, und zwar bei den Gemeinen, mehr Ansehn hatte als eine apokryphische Schrift, aber nicht so viel, als die anerkannten Schriften der Apostel, wesshalb unser Kirchenvater nach andern apostolischen Beweisstellen Hebr. 6, 4 ff. nur noch als testimonium ex redundantia anführt. Endlich haben wir bereits S. 8. erwähnt, dass Tertullian es wie selbstverständlich ansieht, dass Paulus nur 13 Briefe verfasste. Auf Tertullian lassen wir das Zeugniss der von *Tischendorf* in seiner Ausgabe des cod. Claromontanus (vgl. sein Nov. Test. ed. 7. I. p. CLXXXI.) am sorgfältigsten mitgetheilten alten Stichometrie dieses cod., welche sich hinter dem Brief Philemon und vor dem Hebräerbrief findet und durch Schreibfehler entstellt auch im cod. Sangermanensis, hier gleich folgen, weil dadurch Tertullians Angabe, dass der Hebräerbrief die Ueberschrift „Brief des Barnabas" führte, für die lateinische Kirche bestätigt wird. In diesem stichometrischen Verzeichniss der neutestamentlichen heiligen Schriften ist nämlich der Hebräerbrief, wie sich aus seiner Stellung innerhalb der sonst gewöhnlich von der Kirche recipirten

*) Vgl. *Credner*, Gesch. des neut. Kan. S. 84 ff. 171 ff.

**) Es ist fast unbegreiflich, dass man bei einiger Kunde von Tertullians sonstiger Haltung gegenüber dem neutest. Kanon und bei einem so klaren Texte mehrfach von einer blossen Privatmeinung Tertullians, welcher nach *Delitzsch*, Comment. S. XXV. XXI. den ihm vorliegenden Hebräerbrief vielleicht sogar mit dem ihm nicht vorliegenden Briefe des Barnabas verwechselt(!) haben soll, hat reden mögen. Das ist gewiss kein „ungetrübter historischer Blick," welchen Dr. Delitzsch in der angeführten Abhandl. S. 262. mir gegenüber für seine Auffassung in Anspruch nimmet.

neutestamentlichen Litteratur und der Zahl seiner Stichen ergiebt, ohne weiteres als epistola Barnabae bezeichnet und von den paulinischen durch die 7 katholischen Briefe getrennt, so dass er seine Stelle erst unmittelbar vor der johanneischen Apokalypse und der Apostelgeschichte des Lukas, mit welcher die gewöhnlich von der Kirche recipirte neutestamentliche Litteratur schliesst, erhalten hat. Der Melchisedekianer Theodotus der Wechsler (ὁ τραπεζίτης zur Zeit des römischen Bischofs Victor) berief sich auf[**]) Hebr. 7, 21., aber Genaueres darüber, ob er den Brief dem Paulus beilegte oder nicht, wissen wir nicht. Die Behauptung, dass man in der lateinischen Kirche den Brief dem Paulus nur desswegen abgesprochen habe, weil, (um von der wunderlichen Ansicht Storrs ganz zu schweigen, nach welcher Marcion die Verwerfung desselben in der römischen Kirche zuerst bewirkt haben soll,) die Montanisten[***]) und Novatianer sich auf Hebr. 6, 4 ff. berufen hätten, bestätigt sich nicht im mindesten. Um der Auslegung einer einzelnen Stelle willen würde die lateinische Kirche gewiss nicht so allgemein und dauernd einen von ihr anerkannten Paulusbrief um diese seine Dignität und Autorschaft gebracht haben. Und gerade auch der eifrige Montanist Tertullian erklärt ihn, wir wir gesehen haben, und zwar an einer Stelle, wo es ihm an einer möglichsten Hervorhebung des Briefs liegt, entsprechend der kirchlichen Ueberlieferung,[****]) so weit er sie kannte, für einen Brief des Barnabas. Novatian selber gebraucht den Brief in seinen Schriften nirgends, so oft er auch Anlass dazu hatte. Wir können also höchstens nur so viel sagen, dass sein dogmatischer Gebrauch und seine allgemeine öffentliche Anerkennung in der lateinischen Kirche durch jene Streitigkeiten eine Zeitlang gelitten und länger hinausgeschoben ward, als sonst wohl geschehen sein würde. Auch der afrikanische Bischof Cyprian († 258) lässt den Paulus nur an sieben Gemeinen schreiben und citirt nirgends unsern Hebräerbrief, ebenso der pannonische Bischof Victorin (um 303). Erst in Folge der christologischen Streitigkeiten, namentlich der arianischen, (vgl. S. 14 ff.) bei deren Widerlegung man vielfach an die Griechen sich anschloss, scheint man im Abendlande dem paulinischen Ursprunge allmälig günstiger geworden zu sein. Freilich sagt Eusebius h. e. 3, 3. (s. S. 15.), dass die römische (d. h. lateinische) K i r c h e (ἐκκλησία) noch zu seiner Zeit unsern Brief als n i c h t paulinisch ansah. Derselbe Eusebius sagt aber h. e. 6, 20.

---

[*]) Dies hat *Credner* in seiner Abhandl. Theol. Jahrb. 1857. S. 307 ff. und dann in seiner Geschichte des neut. Kanon S. 175 ff. zuerst erwiesen.

[**]) *Gieseler*, Kirchengesch. (4. Ausg.) I. S. 296. *Bleek* a. a. O. S. 132 ff. *Trechsel*, in Herzogs Realencyclop. in dem Artikel Antitrinitarier.

[***]) So nach dem Vorgange von *Hug* noch *Delitzsch* in s. Abhdl. a. a. O. S. 262., welcher aber in seinem Comment. S. XV. XIX. diese Meinung selber aufgegeben hat. Vergl. gegen *Hug* wie auch gegen Storr *Bleek* S. 124. ff.

[****]) Als Montanist wird er namentlich auch die Ueberlieferung der Kleinasiaten, wo ja der Montanismus zu Hause war, gekannt haben, vgl. *Thiersch* comment. p. 1. Hierzu stimmt, dass der Kleinasiate Irenäus ziemlich gleichzeitig den Hebräerbrief dem Paulus ausdrücklich abspricht.

(s. den Text S. 20.) wieder, dass er noch zu seiner Zeit von mehreren Römern ($\pi\alpha\varrho\grave{\alpha}$ $'P\omega\mu\alpha\acute{\iota}\omega\nu$ $\tau\iota\sigma\acute{\iota}\nu$) nicht für paulinisch angesehen ward. Mithin müssten nach der letztgenannten Stelle, obwohl Eusebius hier im Interesse seines Standpunkts augenscheinlich übertreibt, doch mindestens einige*) Römer gewesen sein, welche den paulinischen Ursprung in irgend einer Weise annahmen. Ein Widerspruch ist zwischen diesen Stellen nicht vorhanden, da an der ersten nur von der Kirche als solcher, nicht von ihren einzelnen Gliedern geredet wird. In der letzten Hälfte des 4ten Jahrhunderts wird unser Brief von Hilarius von Pictavium, Lucifer von Calaris, Ambrosius von Mailand, Philastrius von Brescia, Rufinus und Andern, welche sich meistens auch sonst an die Exegese des Origenes und anderer Griechen anschliessen, ausdrücklich als paulinisch angeführt, während Phöbadius in Gallien, Zeno von Verona und Optatus von Mileve unsern Brief wieder nicht gebrauchen. Hier will ich nur bei Philastrius noch etwas verweilen, weil er sich ausführlicher über unsern Brief ausspricht, und meine Auffassung seiner verschieden gedeuteten Worte (Chron. des apost. Zeitalt. S. 481.) neuerdings hie und da angegriffen ist.

Philastrius citirt an 2 Stellen haer. 122. 127. den Hebräerbrief als Schrift des Apostels, d. i. des Paulus. Die Hauptstelle über unsern Brief haer. 89. lautet so: Haeresis quorundam**) de epistola P a u l i ad Hebraeos. Sunt alii quoque, qui epistolam P a u l i ad Hebraeos non adserunt esse ipsius, sed dicunt aut Barnabae esse apostoli aut Clementis de urbe Roma episcopi, alii autem Lucae evangelistae. Ajunt***)

*) Gegen Bleek a. a. O. S. 182.

**) Die von Oehler im Corp. Haereseologic. I. weggelassene Ueberschrift Haeresis quorundum de epistola Pauli ad Hebraeos halte ich wie Bleek für ächt, theils schon desshalb, weil Philastrius beim Beginne jedes neuen Capitels den Begriff der Härese bestimmt auszudrücken pflegt, theils wegen des überwiegend bezeugten quoque. Die quidam, über deren Ketzerei rücksichtlich des Briefes an die Hebräer Philastrius berichtet, sind dann aber nicht, wie Bleek S. 194. will, die, welche diesen Brief n i c h t dem Apostel *Paulus*, sondern den darauf bezeichneten Männern beilegen — denn dies geschah, wie wir aus Hieronymus wissen, von den Rechtgläubigen, und zumal in der lateinischen Kirche, damals noch ganz überwiegend, und dazu würde der weitere Inhalt von haeres. 89. wenig stimmen — sondern gemeint sind mit quidam diejenigen auch sonst in der Kirche dafür geltenden Häretiker, welche zum Beweise ihrer Ketzerei namentlich den Hebräerbrief missbrauchten, indem sie sich auf Stellen beriefen, welche sie erst hinzugesetzt haben sollen (vgl. das addiderunt). oder auch Stellen falsch deuteten, nämlich 3, 2. die Monarchianer und Arianer und 6, 4 ff. die Novatianer, und dadurch die Veranlassung wurden, dass die Epistel an die Hebräer auch noch zu des Philastrius Zeit meistens nicht öffentlich verlesen wurde.

***) So ist wohl mit Oehler im corpus haerescolog. tom. I. zu interpungiren, (so auch Delitzsch im Comment. S. XIX.), und nicht das alii autem Lucae evangelistae zu ajunt etc. zu ziehen. Letztere Worte gehören dann zu dicunt. Nachdem nämlich Philastrius selber unsern Brief eine Epistel des *Paulus* genannt hat, stellt er sich und den Genossen seiner Ansicht, wie aus dem sunt alii quoque hervorgeht, die andere Classe derer gegenüber, welche den Brief nicht (zumal nicht unmittelbar) dem Paulus beilegen. Diese sagen (dicunt), er sei entweder des Apostels Barnabas oder des römischen Clemens oder des Evangelisten Lukas. Indem Philastrius aber nicht a u t

epistolam etiam ad Laodicenses scriptam. Et quia addiderunt in ea quaedam non bene sentientes, inde non legitur in ecclesia; etsi legitur a quibusdam, non tamen in ecclesia legitur populo, nisi tredecim epistolae ipsius et ad Hebraeos interdum. Et in ea, quia rhetorice scripsit, sermone plausibili, inde non putant ejusdem apostoli. Et quia et factum Christum dicit in ea (c. 3, 2.), inde non legitur. De poenitentia autem (c. 6, 4 seq.) propter Novatianos aeque. Cum ergo factum dicit Christum, non divinitate dicit factum, cum doceat ibidem, quod divinae sit et paternae substantiae filius; qui est splendor gloriae, inquit, et imago substantiae ejus (c. 1, 3.). Poenitudinem etiam non excludit docendo, sed diversum gradum dignitatis ostendit inter hunc, qui integrum se custodivit, et illum qui peccavit etc. Zum Verständniss unserer Worte dient wesentlich ihr Zusammenhang mit dem Vorhergehenden. In haeres. 88. hatte Philastrius gesagt, es sei von den Aposteln und ihren Nachfolgern festgestellt, non aliud legi debere in ecclesia catholica, nisi legem et prophetas et evangelia et actus apostolorum et Pauli tredecim epistolas et septem alias (es folgen die 7 katholischen Briefe). Scripturae autem absconditae, id est apocrypha, etsi legi debent morum causa a perfectis, non ab omnibus legi debent, quia non intelligentes multa addiderunt et tulerunt, quae voluerunt haeretici. Bleek meint, da nur von dreizehn paulinischen Briefen die Rede sei und Philastrius den Hebräerbrief nicht zu den Apokryphen gerechnet haben könne, so müsse er in dem Augenblicke, als er dies niederschrieb, an den Hebräerbrief nicht besonders gedacht (!) haben. · Dieses ist nun freilich ganz undenkbar, zumal er gleich darauf die haeresis de epistola Pauli ad Hebraeos folgen lässt. Allerdings hat er an den Hebräerbrief gedacht, aber er konnte ihn haer. 88. zu keiner der beiden Classen rechnen, weder zu den kanonischen Schriften, die bei versammelter Gemeine verlesen werden sollten, noch zu den Apokryphen, welche wegen ihres hie und da bedenklichen Inhalts nicht *) verlesen werden sollten. Der Hebräerbrief stand zwischen beiden Classen in der Mitte. Er war ein kanonischer Brief, mochte man Paulus wie Philastrius für den Verfasser halten oder einen der genannten Männer — wegen der Ungewissheit über seinen Verfasser in den genannten Schranken wird die öffentliche Lesung haer. 89. bei

sondern alii autem Lucae evangelistae fortfährt, also den Lukas mit den beiden Andern nicht auf gleiche Linie stellt, deutet er an, dass man Lukas nicht gleich oft, wie den Barnabas und Clemens, als Verfasser zu nennen pflegte, was, wie wir gesehen haben, das Gewöhnliche war und wir auch bei Hieronymus wieder sehen werden. Am meisten scheint unter den Dreien an Barnabas gedacht zu sein, wie aus seiner Erwähnung an erster Stelle und aus dem inde non putant ejusdem apostoli, wo nur auf den im Vorhergehenden geflissentlich allein als Apostel bezeichneten Barnabas hingedeutet sein kann, hervorgehen dürfte.

*) Nach can. 59 des Laodiceer Concils sollten nur die kanonischen Bücher, nicht die Apokryphen öffentlich verlesen werden. An diese Bestimmung schliesst sich der auch sonst von den Griechen abhängige Philastrius an, und es ist daher nicht so verwunderlich, wie mehrfach gemeint ist, wenn er in der Ueberschrift unsers Capitels von einer haeresis apocrypha spricht.

Philastrius nirgends in Frage gestellt — aber er glich doch auch wieder den erwähnten Apokryphen, sofern auch in ihm Uebelwollende Etwas hinzugefügt hatten, (das quia addiderunt etc. in haer. 89. sieht augenscheinlich auf das addiderunt etc. am Schlusse in haer. 88. zurück). So ist der Zweck von haer. 89. vornämlich der, nachzuweisen, wie es komme, dass der Hebräerbrief trotz seiner im Allgemeinen paulinischen oder doch kanonischen Haltung entweder gar nicht oder doch nur zuweilen öffentlich verlesen werde. Dafür werden zwei Gründe angeführt, einmal, dass häretische Zusätze hineingekommen wären, wie in jene Apokryphen, die desshalb nicht verlesen werden sollten, und dann, dass namentlich die Stellen 3, 2. und 6, 4 ff. von Häretikern missbraucht würden, welches Letztere im Zusammenhange damit, dass des Philastrius Schrift von den Häresen handeln will, dann besonders ausführlich dargethan wird. Da aus dem Vorstehenden erhellt, dass das quia addiderunt in ea*) quaedam non bene sentientes auf den Hebräerbrief bezogen werden muss, so haben wir hier zugleich einen der Gründe, wesshalb der kurz vorher mit den Worten Ajunt epistolam etiam Laodicenses scriptam gemeinte Brief, als dessen Leser die Laodicenser bezeichnet werden, von unserm Hebräerbrief zu verstehen ist. Vgl. *Credner*, Einl. S. 506. *Anger*, über den Laodiceerbrief S. 29. Hierfür spricht ferner, dass man nicht sieht, was in diesem Zusammenhange, wo vom Hebräerbrief zu handeln war, mag nun die Ueberschrift des Capitels Haeresis quorundam de epistola Pauli ad Hebraeos (s. oben S. 23.) ächt sein oder nicht, die Erwähnung eines vermeintlich von demselben verschiedenen Briefs an die Laodiceer soll; dass das Ajunt epistolam etiam ad Laodicenses scriptam zumal nach der hier von uns gebilligten Interpunction schwerlich anders erklärt werden kann, als: Man sagt von dem Briefe auch — es ist aber vorher vom Paulusbriefe an die Hebräer die Rede — er sei an die Laodiceer (Col. 4, 16.) geschrieben, und dass man bei der Bleek'schen Ansicht annehmen müsste, wovon aber Delitzsch und Lünemann ganz schweigen, dass der ketzerrichterliche Philastrius, der überdies in Feststellung des Kanon sonst von den Griechen abhängt, und die lateinische Christenheit den auch sonst erwähnten apokryphen Laodiceerbrief für einen ächten Paulusbrief gehalten hätten, welcher nur wegen einiger Zusätze von Uebeldenkenden in der Gemeine nicht öffentlich verlesen wurde, welche Annahme ausserordentlich unwahrscheinlich ist. Wir haben also hier die Erscheinung, dass man die Identität des Hebräerbriefs mit dem Col. 4, 16. erwähnten verloren gegangenen Paulusbrief an die Laodiceer nachzuweisen suchte, welche in der alten Kirche auch sonst vorkommt, sich noch jüngst

---

*) Hier versteht *Bleek* dagegen, welchem *Delitzsch* und *Lünemann* folgen, den apokryphen Paulusbrief an die Laodiceer. Wären die obigem Satze vorhergehenden Worte scripta beati apostoli quidam (nach Credner ist quidem zu schreiben) volunt legere ächt, wie Credner Gesch. des Kanon S. 271. voraussetzt, so könnte auch wegen des Dazwischentretens dieser Worte das in ea schwerlich auf eine vom Hebräerbriefe noch verschiedene epistola ad Laodicenses bezogen werden. Allein jene Worte werden von Oehler mit Recht weggelassen und sind augenscheinlich die Glosse eines Lehrers, welche vom Rande in den Text gekommen ist.

4

wiederholt hat und auf die wir später zurückkommen werden, und welche, den paulinischen Ursprung des Hebräerbriefs vorausgesetzt, nicht eben schlechter ist, als die Hypothese Marcions, welcher bekanntlich den Epheserbrief mit jenem verlornen Laodiceerbrief identificirte. Namentlich konnte das für jene Hypothese zu sprechen scheinen, dass die kurze Andeutung des Colosserbriefes Cap. 2, 17. von dem Schattenwesen des Alten Bundes im Vergleich zum Neuen gerade im Hebräerbriefe zumal nach der Seite des alttestamentlichen Priester- und Opferwesens die vollste Ausführung erhalten hat., so dass eine gegenseitige Verweisung der Leser des einen Briefs auf den Brief der Andern, wie sie Col. 4, 16. gegeben wird, an sich nicht unzweckmässig gewesen sein würde. Ueber die Verlesung des Hebräerbriefs aber in den Gemeinen sagt Philastrius (vgl. S. 24.) Folgendes: „Weil in ihm Uebeldenkende Manches hinzufügten (addiderunt), desshalb wird er in der Gemeine nicht verlesen; obwohl (etsi) er von Etlichen gelesen wird (d. h. a perfectis,*) non ab omnibus, ähnlich wie nach haer. 88. die Apokryphen), so wird er doch nicht in der Gemeine dem Volke verlesen, es sei denn, dass (das excipirende nisi bezeichnet eine in einzelnen Gegenden auch wohl vorkommende Ausnahme der auch von dem etwa gleichzeitigen Hieronymus erwähnten latina consuetudo des Nichtverlesens) seine 13 Briefe verlesen werden und der Hebräerbrief zuweilen.“ Da der Hebräerbrief gewisse häretische Zusätze hatte, wie auch die Apokryphen, so ward derselbe nach Philastrius wie diese nur von den Vollkommnen, welche die Spreu von dem Weizen zu scheiden im Stande waren, gelesen, aber nicht öffentlich in der Gemeine; nur ausnahmsweise ward er hie und da auch öffentlich verlesen, doch auch dann geschah dieses nicht so, dass er nach den 13 paulinischen Briefen stets an die Reihe kam, sondern nur zuweilen ward er verlesen. Auch die zuletzt erklärten Worte des Philastrius können nach der Bleek'schen Ansicht, wornach hier vom Laodiceerbriefe die Rede wäre, nicht wohl verstanden werden. Da nämlich vom Hebräerbriefe dann vorher gar nicht die Rede ist, so kann nisi nicht den im Lateinischen sonst gewöhnlichen Sinn der Exception haben, sondern müsste, wie im Griechischen zuweilen, z. B. Gal. 1, 19., „sondern nur“ bedeuten. Ferner würde von Philastrius ausgesagt werden, dass der Hebräerbrief auch in der lateinischen Christenheit überall, wenn auch nur zuweilen, in der Gemeine verlesen werde. Dann aber müsste man mit Bleek wenigstens auch annehmen, (s. dagegen S. 25.), dass Philastrius den Hebräerbrief haer. 88. ganz vergessen hätte, weil er sonst hier unter den öffentlich zu verlesenden heiligen Schriften hätte erwähnt werden sollen. Endlich würde

---

*) Vgl. die bereits S. 24 aus haer. 88 citirten Worte: apocrypha, etsi legi debent morum causa a perfectis, non ab omnibus legi debent, quia non intelligentes multa addiderunt et tulerunt, quae voluerunt haeretici. Aus dem etsi legitur a quibusdam ergiebt sich also wieder die S. 25. bereits hervorgehobene Correspondenz der beiden Stellen des Philastrius. Vgl. schon Origenes zu Matth. 23, 27 ff. über den Gebrauch der Apokryphen.

man auch statt des zweiten in ea, welches zuerst vom Hebräerbrief gesagt sein und auf das nur n e b e n b e i erwähnte ad Hebraeos interdum hinweisen soll, der Deutlichkeit wegen eine andere demonstrative Bezeichnung, etwa in h a c (epistola) erwarten.

Besonders wichtig für die Geschichte unsers Briefs ist der dem Orient und Occident zugleich angehörige Hieronymus († 420), welcher sich unter den Kirchenvätern durch seine exegetischen Kenntnise auszeichnete und dessen Nachrichten über den neutestamentlichen Kanon seiner Zeit wir wegen seiner Belesenheit für besonders zuverlässig halten dürfen. Was die kirchliche Geltung des Briefs zu seiner Zeit anlangt, so war derselbe nach ihm in der orientalisch griechischen Kirche recipirt, aber nicht in der lateinischen K i r c h e, sondern nur bei e t l i c h e n Lateinern, was zu unsern bisherigen Ergebnissen durchaus stimmt. Epist. 125 ad Evagr. omnes Graeci recipiunt et nonnulli Latinorum. Comment. in Matth. c. 26. Nam et Paulus in epistola sua, quae scribitur ad Hebraeos, licet de ea multi Latinorum dubitent. catal. 59. apud Romanos usque hodie quasi apostoli Pauli n o n habetur. Comment. in Jes. 8, 18. licet eam Latina consuetudo inter canonicas scripturas non recipiat. (vgl. Comment. in Jes. 6. u. epist. 129 ad Dard.) Man führte gegen die Abstammung von Paulus nach Hieronymus folgende Gründe an, zuvörderst die auch sonst überlieferten, dass im Eingange die Zuschrift fehle, und die Verschiedenheit des Stils (catal. 5.), dann, dass im Hebräerbriefe Zeugnisse gebraucht*) würden, welche in der hebräischen Bibel nicht ständen. Dieser letztere Grund scheint auch bei dem des Hebräischen kundigen Kirchenvater dazu mitgewirkt zu haben, dass er unsern Brief wenigstens nicht unmittelbar von Paulus ableitete, wie wir aus der Hauptstelle, welche über den Verfasser des Briefs und dessen Werthschätzung von Seiten des Hieronymus handelt, epist. 129 ad Dard., ersehen. Nachdem er Hebr. 11, 8 ff. citirt hat, führt er hier fort: Nec me fugit, quod perfidia Judaeorum haec testimonia non suscipiat, quae utique veteris testamenti auctoritate f i r m a t a sunt. Illud nostris (d. h. im Gegensatze zu den Juden den Christen ü b e r h a u p t) dicendum est, hanc epistolam, quae inscribitur ad Hebraeos, non solum ab ecclesiis orientis sed ab omnibus retro**)

---

*) Comment. in Jes. 6, 9. (vgl. epist. 129 ad Dard.) Pauli quoque idcirco ad Hebraeos epistolae contradicitur, quod ad Hebraeos scribens utatur testimoniis, quae in Hebraicis voluminibus non habentur.

**) Retro bedeutet hier so viel wie contra „hinwiederum, andererseits," vgl. Gesneri ling. latin. thesaurus und Forcellini totius latinitatis lexicon unter retro. Es entspricht das sed retro ja auch dem non solum. Wollte man das retro mit Bleek chronologisch fassen, so würde Hieronymus den bei seiner Gelehrsamkeit nicht denkbaren Irrthum behaupten, dass alle frühern kirchlichen Schriftsteller der griechischen Mundart unsern Brief für paulinisch erklärt hätten, während das Gegentheil z. B. bei Irenäus und Hippolytus bekannt ist. Die K i r c h e n des Orients (ecclesiae orientis), worunter alle nichtlateinischen Kirchen gemeint sind, (vgl. in demselben Sinne auctoritas ecclesiarum orientalium bei August. de peccat. meritis et remissione I. c. 27.) hatten den Hebräerbrief auf mehreren Concilen gebraucht und namentlich kurz vorher auf dem Concile von Laodicea im

4*

ecclesiasticis Graeci sermonis scriptoribus quasi Pauli apostoli suscipi, licet plerique eam vel Barnabae vel Clementis arbitrentur; et nihil interesse, cujus sit, cum ecclesiastici viri sit et quotidie ecclesiarum lectione celebretur. Quodsi eam Latinorum consuetudo non recipit inter scripturas canonicas, nec Graecorum quidem ecclesiae Apocalypsin Johannis eadem libertate suscipiunt; et tamen nos utraque suscipimus nequaquam hujus temporis consuetudinem, sed veterum scriptorum auctoritatem sequentes, qui plerumque utriusque abutuntur testimoniis, non ut interdum de apocryphis facere solent (quippe qui et gentilium litterarum raro utantur exemplis), sed quasi canonicis. Nachdem Hieronymus die Beweiskraft der von ihm gebrauchten Zeugnisse des Hebräerbriefes kurz gegen die treulosen Juden hervorgehoben hat, vertheidigt er sie auch den Christen gegenüber. Das, sagt er, muss den Unsern gesagt werden, dass der Hebräerbrief nicht allein von den K i r c h e n des Orients, sondern andererseits von a l l e n kirchlichen Schriftstellern in g r i e c h i s c h e r Zunge (also selbst im Oriente damals noch nicht von a l l e n kirchlichen Schriftstellern a l l e r Zungen, z. B. der syrischen, chaldäischen u. s. w., welche letztern namentlich auch an seinen alttestamentlichen, von den LXX. abhängigen Zeugnissen den von Hieronymus erwähnten Anstoss mögen genommen haben) als p a u l i n i s c h aufgenommen wird, obwohl die Meisten (die dies thun) ihn (nicht unmittelbar dem Paulus, sondern) etwa dem Barnabas oder dem Clemens beilegen, und dass es von keinem Gewichte ist, w e l c h e m (von den genannten, ob dem Paulus, Barnabas oder Clemens) er angehört, da er einem der kirchlichen Reception würdigen Manne (ecclesiastici*) viri, was die

can. 60. als paulinisch recipirt; den Kirchen des Orients werden dann ihre einzelnen G l i e d e r gegenübergestellt, freilich nicht alle, sondern nur die Kirchenschriftsteller griechischer Zunge. Von den Griechen seiner Zeit wiederholt hier Hieronymus, was er auch sonst (s. oben S. 27.) mit den Worten ausspricht: omnes Graeci recipiunt.

*) Ecclesiasticus bildet hier nicht, wie Bleek a. a. O. S. 211. will, den Gegensatz zu haereticus, in welchem Falle, wie kurz vorher, auch ecclesiastici scriptoris hätte gesagt werden können, sondern ecclesiasticus vir steht in diesem Zusammenhange, wo von der Aufnahme unsers Briefs in den neutestamentlichen K a n o n gehandelt und unmittelbar darauf erläuternd von seiner k i r c h - l i c h e n Verlesung (ecclesiarum lectione) geredet wird, in einem auch sonst vorkommenden specifischen Sinne von einer Person, die in der Kirche als kanonisch recipirt ist oder recipirt zu werden verdient. Ebenso Hieronymus zu Jerem. c. 31, 31. Hoc testimonio apostolus Paulus sive quis alius scripsit epistolam usus est ad Hebraeos (c. 8, 8—12) omnesque deinceps ecclesiastici viri in primo salvatoris adventu dicunt universa completa etc. In demselben Sinne nennt Hieronymus unsere Epistel inter ecclesiasticas recepta, wie sonst inter scripturas canonicas, Comment. in Tit. 2. Relege ad Hebraeos epistolam Pauli sive cujuscunque alterius eam esse putas, quia jam inter ecclesiasticas est recepta etc. Vgl. auch das griechische ἐκκλησιάζεσθαι und die libri ecclesiastici. Nur ist zu beachten, dass Hieronymus — anders Rufin in seiner exposit. in Symb. Apost., welcher einer ältern Betrachtungsweise folgend einen laxern Sprachgebrauch hat — d e n Sprachgebrauch befolgt, nach welchem die in der Gemeine verlesenen Bücher oder seine libri ecclesiastici wie bei Philastrius, vgl. S. 24. Note, entsprechend dem can. 59. des Concils von Laodicea, (vgl. auch das

genannten alle sind) angehört und täglich durch Lesung der Kirchen (d. h. der orientalischen Kirchen, wie sich, abgesehen von der sonstigen Geschichte des Kanon, aus der im gleich Folgenden ausdrücklich gegenübergestellten Latinorum consuetudo ergiebt) gefeiert wird. Wenn die Gewohnheit der Lateiner ihn nicht unter die kanonischen Schriften aufnehme, so nehmen auch die griechischen Kirchen die johanneische Apokalypse nicht mit ebenderselben Freiheit (wie die Lateiner) auf; er, Hieronymus, nahm beide Schriften an, indem er keineswegs die Gewohnheit s e i n e r Zeit (wie man nach dem Vorhergehenden, wo er diese allein erwähnt hatte, etwa meinen könnte), sondern die Auctorität der alten Schriftsteller befolge, welche meistens beide Schriften als kanonisch gebraucht hätten. Vor Allem ist klar, dass Hieronymus hier zunächst nur auf die K a n o n i c i t ä t des Hebräerbriefs dringt, und zwar, damit derselbe, wie täglich in der Gemeine verlesen, so auch zu vollgültigen dogmatischen Beweisen verwandt werden kann. Rücksichtlich seines V e r f a s s e r s sagt er ausdrücklich, dass es von keinem Gewichte sei, ob man ihn dem Paulus direct beilege, oder mit den Meisten sogar unter den orientalischen Christen, welche ihn mit ihren Kirchen im Allgemeinen als paulinisch annehmen, etwa dem Barnabas oder Clemens zuschriebe. Da übrigens Hieronymus den Verfasser des Hebräerbriefs kurz vorher bei Anführung der Citäte aus demselben, augenscheinlich unter Berücksichtigung von Apostg. 9, 15., als vas electionis bezeichnet, so muss auch er hier unsern Brief wenigstens mittelbar*) dem Paulus beigelegt haben. Dabei aber, dass die plerique, welche unsern Brief dem Barnabas oder Clemens beilegen, nach Hieronymus im O r i e n t, d. h. sowohl innerhalb der Kirchen des Orients, wie auch unter den griechischen Kirchenschriftstellern seiner Zeit zu suchen sind, wie ich in m. Chron. des apost. Zeitalt. S. 508. behauptet habe, wird es nach dem oben Erörterten wohl sein Bewenden haben. Das plerique kann nicht bloss auf die Lateiner bezogen werden, denn von diesen ist, wie wir namentlich auch aus dem Satze quotidie ecclesiarum lectione celebretur bestätigt gefunden haben, erst von Quodsi eam Latinorum consuetudo u. s. w. die Rede

Concil. Hipponens. (im Jahre 393) can. 36., wornach nur die kanonischen Bücher öffentlich verlesen werden sollten) mit den kanonischen Büchern unmittelbar zusammenfallen und es zwischen kanonischen und apokryphischen Büchern keine mittlere Classe mehr giebt.

*) Wo Hieronymus unsern Brief, wie häufig, mit oder ohne beschränkenden Zusatz dem Paulus beilegt. hat er ihn, wie an unserer Stelle, dem Paulus wahrscheinlich nur mittelbar beigelegt. Andere Stellen lauten in ihrer Unbestimmtheit so, als ob ihm selbst der mittelbare paulinische Ursprung wieder zweifelhaft war, so dass er die Möglichkeit, mit Andern eine von Paulus ganz unabhängige Abfassung etwa durch Barnabas anzunehmen, nicht ausschliesst. So die Bezeichnung des Verfassers des Hebräerbriefs Comment. in Jes. c. 57: ad Hebraeos loquitur, qui scribit epistolam etc. Comment. in Amos c. 8: quicunque est ille, qui ad Hebraeos scripsit epistolam; vgl. S. 28. Note 1. Hiernach ist es nicht unwahrscheinlich, dass Hieronymus in seinen vielen Schriften in der schwierigen Frage des Verfassers unsers Hebräerbriefs, wie Bleek S. 216 annimmt, sich nicht gleich geblieben ist. Aber darin ist er sich gleich geblieben, dass er seinerseits unsern Brief stets zu den k a n o n i s c h e n Schriften gezählt hat.

(vgl. auch *Guericke* neutest. Isagogik S. 409.) und zu plerique kann aus dem fernen nostris auch nicht mit *Tholuck* und *Delitzsch* (Abhdl. S. 258.) nostrorum ergänzt werden, wozu kommt, dass nostris nach dem Zusammenhange (s. oben) von den Christen überhaupt, und gar nicht bloss von den Lateinern gesagt ist; das plerique kann aber auch mit *Bleek* nicht bloss auf ab omnibus ecclesiasticis Graeci sermonis scriptoribus bezogen werden, da dieses theils gegen das beide ab verbindende non solum, sed retro wäre und gegen den oben erörterten Inhalt des unmittelbar folgenden Satzes et nihil interesse, cujus sit etc., theils auch die meisten griechischen Kirchenschriftsteller zu des Hieronymus Zeit unsern Brief nicht zunächst (so nämlich, dass sie von Paulus abhängig waren) dem *Barnabas* oder dem Clemens beigelegt haben können, da wir über die griechischen Kirchenschriftsteller jener Zeit gut unterrichtet sind, und von ihnen unser Brief wirklich gemeiniglich in der bezeichneten Weise dem römischen Clemens zugeschrieben wird, (vgl. S. 16. u. *Reithmayr* Einl. S. 681.), nie aber dem Barnabas. Wir haben hier also rücksichtlich des Barnabas die wichtige Notiz, dass er zu des Hieronymus Zeit in den orientalischen Kirchen zusammen mit dem römischen Clemens als unmittelbarer Verfasser des Hebräerbriefs angesehen zu werden pflegte, und zwar, da Clemens für die griechischredenden Kreise feststeht, vornämlich in den im engern Sinne orientalischen Kreisen, z. B. den Kirchen Syriens und Palästinas, wo Barnabas ja auch ursprünglich gearbeitet hatte und fortwährend in Ansehen gestanden haben muss; was uns bei der grossen Verbreitung der Ansicht, dass Barnabas Verfasser unsers Briefes sei, wie wir sie namentlich schon bei Tertullian (vgl. S. 20 ff. 22. Note 4.) und dann bei Philastrius und sonst kennen gelernt haben, und bei der von uns S. 5 ff. erörterten und von den syrischen Christen stets festgehaltenen eigenthümlichen Stellung des Hebräerbriefs hinter allen Paulinen in der Peschito nicht Wunder nehmen kann. Wie wenig der Umfang des plerique rücksichtlich des Barnabas an unserer Stelle abgeschwächt werden darf, ergiebt sich auch daraus, dass von den unmittelbaren Verfassern des Hebräerbriefs, welche die plerique annahmen, nicht beispielsweise Lukas und Clemens oder auch Lukas neben den genannten beiden, sondern Barnabas und Clemens erwähnt werden, woraus unstreitig folgt, dass Barnabas sogar in der griechisch orientalischen Kirche noch zu des Hieronymus Zeit öfter als Verfasser genannt wurde als Lukas. Hiermit stimmt im Wesentlichen die zweite Stelle cat. 5., in welcher Hieronymus die verschiedenen Ansichten seiner Zeitgenossen über den Verfasser des Hebräerbriefs erwähnt. Scripsit autem (Paulus) novem ad septem ecclesias epistolas (die mit Namen genannt werden). Darauf heisst es: Epistola autem quae fertur ad Hebraeos non ejus creditur, sed vel Barnabae (sc. creditur) juxta Tertullianum vel Lucae evangelistae juxta*) quosdam vel Clementis,

---

*) Als alte Gewährsmänner der Ansicht, welche Lukas für den Verfasser hielt, giebt Hieronymus nach Origenes bei Euseb. h. e. 6, 25. quosdam an (ebenso auch schon Eusebius h. e. 3, 38.), unter denen Origenes wahrscheinlich Clemens von Alexandrien und Pantänus verstanden hat, vgl. S. 12.

Romanae postea ecclesiae episcopi, quem ajunt sententias Pauli proprio ordinasse et ornasse sermone vel certe (creditur), quia*) (= quod, dass) Paulus scribebat ad Hebraeos et propter invidiam sui apud eos nominis titulum in principio salutationis amputaverat, scripserat autem (hängt noch ab von quia) ut Hebraeus Hebraeis Hebraice, id est, suo eloquio disertissime, ut ea, quae eloquenter scripta fuerant in Hebraeo, eloquentius verterentur in Graecum, et hanc causam esse, quod a ceteris Pauli disipulis discepare videatur. Wie viele den Barnabas, Lukas oder Clemens zu seiner Zeit (vgl. das Präsens creditur) für den Verfasser unsers Briefs hielten, sagt Hieronymus hier nicht, sondern dass dies geschah, wobei durch juxta [d. i. nach Jemandes Vorgange] auf alte Gewährsmänner der betreffenden Ansichten hingewiesen wird. Auffallender Weise finden Delitzsch und Lünemann hier die Meinung ausgesprochen, dass Hieronymus hier bloss den einzigen Tertullian als einen solchen zu bezeichnen wisse, der den Barnabas für den Verfasser halte, in welchem Falle ohne Zweifel nicht die Praeposition juxta, sondern etwa ab Tertulliano sc. creditur, hätte gesagt werden müssen. Gesetzt aber auch, die hier verworfene Auslegung des juxta könnte an sich ebenso gut Statt haben, wie die von uns vorgetragene, was wir leugnen müssen, so ist ihre Billigung um so kühner**) zu nennen, als Hieronymus dadurch ohne allen Grund mit seinen klaren und, zumal er dort über die Ansichten seiner eigenen Zeitgenossen handelt, durchaus glaubwürdigen Aussagen rücksichtlich der plerique an der vorhin angezogenen Stelle in Widerspruch gesetzt wird. Wie hätte grade auch Hieronymus dazu kommen sollen, die Autorschaft des Barnabas, wie er in dem plerique gethan haben soll, über Gebühr hervorzuheben, da dieser Kirchenvater persönlich, wie wir gesehen haben, im Allgemeinen der paulinischen Abfassung unsers Briefs nicht abgeneigt war. Sein Zusammenhang mit der lateinischen Kirche machte sich indess bei ihm noch so weit geltend, dass er den Hebräerbrief, wo er vom Kanon handelt, zwar immer zu den kanonischen Schriften rechnet, aber doch noch nicht gradezu von vierzehn paulinischen Briefen spricht (vgl. den prolog. galeat.) und nach lateinischer Sitte sieben Gemeinen zählt, an welche Paulus

---

*) Fälschlich erklärt man quia durch „weil," und macht vor scripserat autem ein Punctum. Für unsere Construction spricht auch der mit quia abwechselnde Accusativ mit dem Infinitiv et hanc causam esse etc.

**) Sowohl nach Dr. *Lünemann* Comment. S. 19., als nach Dr. *Delitzsch* Comment. S. XXI. soll Hieronymus hier seine Aussagen rücksichtlich plerique dahin corrigiren, dass er für Barnabas als Verfasser überhaupt nur einen einzigen Zeugen, den Tertullian, anzugeben habe, was für den Erstern noch auffallender ist, da er das plerique nicht irrig mit Delitzsch auf die Lateiner bezieht, so dass bei ihm das plerique des Hieronymus sich sogar in Nichts auflös't, da Tertullian ja zu den Lateinern gehört. Delitzsch hat a. a. O. bei seiner Auffassung aber noch ausserdem so viel an den Angaben des Hieronymus zu tadeln, dass ihn das schon an der Richtigkeit der erstern hätte irre machen sollen.

geschrieben hat (vgl. cat. 5. oben S. 30 ff. epist. 103 ad Paulin. und Comment. in Zachar. 8, 23.).

Ausser Hieronymus hat besonders Augustin († 430) auf eine allgemeinere Reception des Hebräerbriefs unter den Lateinern hingewirkt. In dem von ihm de doct. Christiana II. 8. mitgetheilten Kanon, dessen Schriften in der Gemeine verlesen werden sollten, werden 14 Schriften des Apostels Paulus angeführt. Doch lag auch ihm mehr an der Kanonicität des Briefs als an dem ihm nicht so gewissen paulinischen Ursprunge, wie unter Anderm aus den Worten de peccat. merit. et remiss. I. c. 27. magis me movet auctoritas ecclesiarum orientalium, quae hanc quoque in canonicis habent, hervorgeht, sowie daraus, dass er den Brief, welchen er unter den kanonischen nach dem von ihm gemachten dogmatischen Gebrauch und seinen Ansichten vom Kanon, wie Bleek zeigt, nicht in die erste Linie gesetzt haben kann, häufig nur als Hebräerbrief citirt.

Namentlich unter des Augustin Mitwirkung sind auch die Beschlüsse der drei Synoden zu Stande gekommen, durch welche der Hebräerbrief zuerst in der lateinischen Kirche officiell unter die kanonischen Schriften aufgenommen ward. Auf den beiden ersten Synoden, zu Hippo Rhegius 393 und zu Carthago 397, geschah es nur noch so, dass 13 paulinische Briefe und dann der Hebräerbrief genannt werden. Hier ist also erst die Kanonicität, noch nicht der paulinische Ursprung des letztern ausgesprochen. Auf der Synode zu Carthago 419 aber werden, wie von Augustin a. a. O., gradezu 14 paulinische Briefe angegeben. Dieselbe Zahl paulinischer Briefe findet sich in dem Schreiben des römischen Innocenz I. an den Exsuperius, Bischof von Toulouse, vom Jahre 405, und in dem Verzeichnisse der kanonischen Schriften, welches unter dem Papst Gelasius auf einem, wie erzählt wird, von 70 Bischöfen gehaltenen Concil um 496 festgestellt wurde. Unser Resultat, dass die alte lateinische Kirche den Hebräerbrief entweder gar nicht oder doch nicht als Paulusbrief recipirt hatte, wird auch durch die alte lateinische Uebersetzung, die Itala bestätigt, wie wir aus mehreren griechisch lateinischen Handschriften, worin sie aufbewahrt ist, sehen. Im cod. Claromontanus, wie in seiner Abschrift, dem cod. Sangermanensis, wird der Hebräerbrief jedenfalls nicht dem Paulus beigelegt, da er von den paulinischen Briefen durch die S. 21 ff. erwähnte Stichometrie getrennt wird. Auch ist die lateinische Uebersetzung hier besonders mangelhaft. Im cod. Boernerianus ist der Hebräerbrief ganz weggelassen und im cod. Augiensis endlich findet sich nur die lateinische Uebersetzung. Ueberhaupt fehlt viel, dass mit jenen afrikanischen Synoden und dem wesentlich übereinstimmenden Schreiben des Innocenz in der lateinischen Christenheit auch wirklich schon die gleiche kanonische Geltung des Hebräerbriefs hergestellt und insbesondere der Streit über den Verfasser des Briefs bereits entschieden ward. Wie der Commentar des römischen Diakonus Hilarius (Ambrosiaster um 380) über die Paulusbriefe den Hebräerbrief nicht hat, so scheint noch Cassiodorus (um 560) nach

de divinis lectionibus c. 8. überhaupt keinen lateinischen Commentar zu unserm Briefe gekannt zu haben. Ebenso wird der Brief von den Lateinern noch längere Zeit verhältnissmässig wenig zu dogmatischen Beweisen gebraucht. Was aber den Verfasser des Hebräerbriefs anlangt, so wird derselbe von den Lateinern noch lange namentlich dem Barnabas beigelegt. So nicht bloss in der sehr alten Stichometrie des cod. Claromont. (vgl. S. 21 ff.), sondern wahrscheinlich auch wohl von demjenigen, welcher den Hebräerbrief zu den Paulusbriefen hinter der Stichometrie hinzufügte; *) denn indem er letztere dem Hebräerbrief vorhergehen liess, scheint er auf die in dieser hervorgehobene Abstammung des Briefs von Barnabas haben verweisen zu wollen. Der Afrikaner Primasius (um 550), welcher im Vorwort zum Römerbr., vgl. das Vorwort zum Hebräerbr., eine hebräische Grundschrift des Paulus annimmt und die 10 Paulusbriefe an Gemeinen mit den 10 mosaischen Geboten rechtfertigt, erwähnt solche, welche unsern Brief dem Paulus absprechen und entweder dem Barnabas oder Lukas oder Clemens beilegen. Der spanische Bischof Isidor († 636) sagt,**) Etymol. 6, 2, nachdem er selber 14 Briefe Pauli angegeben hat, dass den meisten Lateinern die Abstammung des Hebräerbriefs ungewiss sei, und Einige sagten, Barnabas habe ihn geschrieben (conscripsisse), Andere, er sei von Clemens geschrieben (scriptam esse). Mit dem Activum, welches nur und zwar an beiden Stellen von Barnabas gebraucht wird, während von Clemens beide Male das Passivum steht, scheint Isidorus überdies rücksichtlich des Barnabas, wie es bei den Lateinern nach dem Vorgange Tertullians üblich war, eine im Unterschied von Clemens, dem Paulusschüler, selbstständige Abfassung des Briefs von Seiten des Erstern aussagen zu wollen. Aehnliches berichten noch Alcuin oder vielmehr einer seiner Zeitgenossen in der disput. puerorum c. 8. und Rabanus Maurus de instit. cleric. 2, 54. Mit der Wiederbelebung der neutestamentlichen Exegese um die Zeit der Reformation treten sofort wieder die Zweifel auf. Erasmus, welcher unsern Brief dem Paulus abspricht, wird von der Sorbonne censurirt. Luther meint, der Brief sei nicht von Paulus, sondern von einem Schüler der Apostel, als welchen er an einigen Stellen z. B. ad Genes. 48, 20. den Apollos bezeichnet, ohne indess auf diesen zu bestehen, und stellt unsern Brief wegen dieses seines Ursprungs und wegen der dogmatischen Anstösse, die er in seiner Lehre von der Busse findet, in seiner deutschen Uebersetzung erst hinter die rechten gewissen Hauptbücher des Neuen Testaments. Ebenso leugneten Melanchthon, und von Seiten der Reformirten, Calvin und Beza den paulinischen Ursprung. Die katholische Kirche

---

*) Den cod. Claromont. pflegt man ins sechste Jahrhundert zu setzen.

**) Ad Hebraeos autem epistola plerisque Latinis ejus (h. e. Pauli) esse incerta est propter dissonantiam sermonis eandemque alii Barnabam conscripsisse, alii a Clemente scriptam fuisse suspicantur. Ebenso de officiis I. 12. Wenn Delitzsch im Comment. S. XXIII. sagt: „schwerlich meint er (Isidorus) damit die kirchliche Gegenwart," so ist auch hier Bleek S. 239. genauer und unbefangener.

bestimmte gegenüber diesen Annahmen im Concil zu Trient ein für alle Mal, dass vierzehn Paulusbriefe sein. Die reformirte Kirche ist sich in ihren symbolischen Büchern nicht gleich geblieben, indem sie in der Gallicana 13, in der Confessio Belgica, Helvetica von 1566 und Bohemica 14 Paulusbriefe angiebt. Die lutherische Kirche hat als am wenigsten Gesetzeskirche rücksichtlich des Kanon sich überhaupt am freiesten verhalten und gebraucht unsern Brief in ihren symbolischen Büchern nirgends als Paulusbrief, sondern bezeichnet ihn absichtlich gewöhnlich nur als Schrift oder als Brief an die Hebräer und nur an zwei Stellen der Concordienformel, aber auch hier nicht in dem deutschen Original, als apostolus.

Unsere Untersuchung der alten kirchlichen Tradition über unsern Brief fassen wir hier schliesslich in folgenden Sätzen zusammen. Nicht bloss im Morgenlande, sondern auch im Abendlande, hier namentlich durch den ersten Brief des römischen Clemens, ist seit ältester Zeit die Existenz und Abstammung unsers Briefs von einem apostolischen Manne bezeugt. Im Morgenlande indess und namentlich in der alexandrinischen Kirche ward unser Brief wegen seiner christologischen Lehren und seiner alttestamentlichen Beweisführung noch höher geschätzt als im Abendlande, was sich auch dadurch aussprach, dass man ihn dort, allerdings nicht ohne längern Widerspruch, zumal eine Verwandtschaft in der Lehre augenscheinlich vorhanden war, und wegen Hebr. 13, 23. 24., auf den gepriesenen Apostel Paulus selber glaubte zurückführen zu müssen. Dies geschah, so viel wir wissen, zunächst in Alexandrien, namentlich in der alexandrinischen Katechetenschule, und zwar so, dass unser Brief, der vom paulinischen Stile doch zu sehr abwich, von Paulus nur mittelbar, also von einem Paulusschüler abstammen sollte, als welchen man, da man wegen Hebr. 13, 24. Rom als Abfassungsort sich dachte, Lukas oder den römischen Clemens, die ja in Rom um den Apostel waren, bezeichnete. Noch manche andere Umstände, wie die Benutzung unsers Briefs von Clemens in seinem ersten Briefe an die Corinther, liessen sich gebrauchen, um diese Hypothese auszuschmücken. Die Unwahrscheinlichkeit der letztern ergiebt sich aber daraus, dass sie ursprünglich von der auch später meistens festgehaltenen, aber jedenfalls irrigen Voraussetzung einer hebräischen Grundschrift ausgeht, vgl. S. 11., so wie rücksichtlich des Lukas und Clemens insbesondere auch daraus, dass bereits Origenes die auf diese lautende Annahme wie eine verunglückte Hypothese zurückweis't, indem er trotz des im Allgemeinen paulinischen Ursprungs, welchen er wegen der νοήματα annimmt, an der Erforschung des nächsten Verfassers verzweifelt. Da Paulus in älterer Zeit selbst in den Kirchen des Orients nur selten unmittelbar als Verfasser gedacht wird und Clemens und Lukas in der Tradition ursprünglich keinen Grund haben, so bleibt nur Barnabas als von der Tradition bezeugter Verfasser übrig, welcher allerdings vorwiegend im Abendlande als solcher angenommen wird, welches auch am längsten und entschiedensten den paulinischen Ursprung bestritten hat. Diese Tradition über Barnabas als Verfasser,

welche schon an sich weit weniger auf ein fremdartiges Motiv zurückgeführt werden kann, scheint sich als ursprünglich zu bestätigen, da sich auch aus innern Gründen nachweisen lässt, dass wenigstens Paulus weder nächster noch entfernterer Verfasser sein kann, während die Abfassung durch Barnabas auch sonst sich als wahrscheinlich empfiehlt und mindestens durch Nichts ausgeschlossen wird. Bei der Voraussetzung, dass Barnabas wirklicher Verfasser sei, hat auch Bleek S. 113. Nichts gegen die Ursprünglichkeit dieser Tradition zu erinnern. Im theilweisen Widerspruch mit dem früher Gesagten hat dieser treffliche Forscher freilich später die Verbreitung dieser Tradition S. 413 ff. in unzulässiger*) Weise sehr zu beschränken gesucht; aber im Ernste ist er zu Gunsten seiner Apolloshypothese selbst hier nicht so weit gegangen, dass er die Ansicht von Barnabas als Verfasser bloss auf Tertullian hätte beschränken mögen, wie neuerdings mehrfach geschehen ist, was künftig schon wegen des jetzt vorliegenden vollständigen Beweismaterials eher wird abgeschnitten werden. Letzteres ist auch durch *Credner* (vgl. S. 22.) vermehrt, und es ist mir überhaupt eine Genugthuung gewesen, zu sehen, dass dieser in diesen Dingen sachkundige Forscher, welcher in seiner Einleit. S. 553 ff. 562. noch eine gegentheilige Ansicht hatte, eben in Folge erneuerter Untersuchung der kirchlichen Tradition jetzt im Wesentlichen zu der von mir vertretenen Ansicht übergegangen ist,**) nach welcher es gemäss der Tradition kein Anderer als *Barnabas* ist, welcher unsern Brief, und zwar an a l e x a n d r i n i s c h e oder ägyptische Christen geschrieben hat.

Was die gegenwärtigen Ansichten über den Verfasser des Hebräerbriefs betrifft, so ist seit dem Erscheinen des Bleek'schen Commentars die Abfassung des Briefs durch Paulus nur noch ausnahmsweise (Klee, Hofmann) behauptet, wohl aber seine mittelbare Autorschaft, indem man zum nächsten Verfasser dann entweder den Lukas (Hug, Stier, Guericke, Delitzsch, Ebrard, Bisping) oder Clemens (Reithmayr) oder Barnabas (Thiersch,***) A. Maier) machte; Andere, die sowohl den unmittelbaren als mittelbaren paulinischen Ursprung leugneten, sprachen sich für Barnabas (Twesten,

---

*) Hierhin gehört auch, wenn Bleek daraus, dass Origenes bei Euseb. h. e. 6, 25. und Eusebius nirgends von Barnabas als Verfasser berichten, folgert, dass sie Nichts von einer solchen Annahme gewusst hätten. Beide erwähnen wenigstens ausdrücklich, dass auch Rechtgläubige unsern Brief dem Paulus n i c h t beilegen, und es lag ihnen gemäss ihrem eigenen Standpunkte in der Frage an den betreffenden Stellen nur daran, diejenigen bei Namen zu nennen, welche als die n ä c h s t e n Verfasser angegeben zu werden pflegten. Namentlich gilt dies auch von Origenes a. a. O. vgl. S. 12. Bei der gegentheiligen Annahme müsste der gelehrte Eusebius auch nicht einmal jene Stelle des Tertullian gekannt haben.

**) *Credner*, Gesch. des neut. Kanon S. 180. 182., vgl. auch *Volkmar* ebend. S. 394 ff.

***) Thiersch schreibt in dem S. 1. citirten Programme noch den grössten Theil des Briefs dem Barnabas zu und nur den Schluss dem Paulus, welcher ihn dadurch concedente Barnaba suam fecerit epistolam. Nach s. Kirche im apost. Zeitalt. S. 199. soll ihm Paulus indess die Hauptgedanken angegeben(!) haben, so dass unser Brief die Krone aller paul. Briefe(!) sein soll. Diese neueste Ansicht des begabten Theologen scheint mir keine verbesserte zu sein.

5*

Ullmann, ich selber) oder Apollos (Bleek, Tholuck, Delitzsch, Lünemann) aus, Wenige (im Zusammenhange mit einer besondern Annahme rücksichtlich der Leser Mynster, Böhmer) für Silas, Etliche endlich hielten den Verfasser für unbestimmbar (R. Köstlin, Moll, Ewald, Riehm). Die Gründe gegen die paulinische Abfassung des Briefs, der abweichende rhetorisch abgerundete Stil, die mangelnde Addresse, die Stelle Hebr. 2, 3., das Auffallende, dass Paulus trotz der ausdrücklichen Gal. 2, 9. getroffenen Verabredung, vgl. auch 2 Cor. 10, 14 ff., in eine fremde apostolische Gemeine, und zwar die judenchristliche in Jerusalem, wie meistens angenommen wird, mit diesem Briefe sollte eingegriffen haben (wegen meiner chronologischen Bedenken vgl. S. 5.), alle diese und ähnliche Gründe, welche gegen die Abfassung unsers Briefes durch Paulus sprechen, sind zu bekannt, als dass sie, zumal eine eingehendere Rechtfertigung der letztern gegenwärtig nicht einmal versucht wird, wiederholt zu werden brauchten. Indess schwerlich ist Paulus auch nur mittelbarer Verfasser unsers Briefs, so nämlich, dass er, wie man im Alterthum meistens annahm, was aber entschieden von uns zurückgewiesen werden musste, denselben ursprünglich hebräisch schrieb und ein Anderer ihn übersetzte, oder dass er, wie man jetzt gewöhnlich annimmt, die Hauptgedanken mittheilte. Wir haben gesehen, dass in der Tradition weder Lukas noch Clemens einen sichern Grund haben und dies nur von Barnabas gilt, an welchen daher höchstens als Bearbeiter gedacht werden könnte. Allein dieser war Paulus gegenüber, wie man aller Orten aus der Apostelgeschichte und dem Galaterbrief ersehen kann, zu selbstständig, als dass er als blosser Bearbeiter der ihm von Paulus angegebenen Gedanken gedacht werden könnte. Die Meinung von Dr. Thiersch aber, dass Barnabas den Paulus, wie einst mündlich bei den Aposteln, so in dieser Weise jetzt schriftlich bei der jerusalemischen Gemeine habe einführen wollen, scheint mir, auch abgesehn von den hier vorausgesetzten Lesern, zu gesucht, als dass sie wahr sein könnte. Gegen die Abfassung durch Clemens zeugt aufs Entschiedenste dessen erster Brief. Gegen Lukas, welcher nach S. 16. 23. Not. 3. S. 30. weniger bezeugt wird, spricht, da der Hebräerbrief nur von einem Judenchristen verfasst sein kann, schon dessen aus Col. 4, 11—15. erhellende heidenchristliche Abkunft, gegen welche das ἐν ἡμῖν Evang. Luk. 1, 1. hie und da, aber mit Unrecht angeführt wird, da dieses nicht von Juden, sondern wie V. 2. von Christen überhaupt gesagt wird. Wenn Dr. Delitzsch im Comment. S. 706. fragt, ob es zufällig sei, dass der Hebräerbrief in einer so stark an den Namen Παῦλος alliterirenden Weise anhebe, oder dass der Hebräerbrief seiner ältesten Stellung nach auf den Brief an Philemon folge, unter dessen letzte Worte der Name des Lukas gehöre, so gestehe ich, in dergleichen Gründen nicht die mindeste Entscheidung für den lukanisch paulinischen Ursprung des Briefes finden zu können. Thiersch und ähnlich Delitzsch und Ebrard ferner haben, um die mittelbar paulinische Abfassung des Briefs denkbarer zu machen, einen Epilog angenommen. Thiersch, welcher den Epilog dem Paulus zuschreibt, das Uebrige aber in der S. 40

Note 2. erwähnten Weise dem Barnabas, glaubt so Hebr. 2, 3. verstehen zu können, welcher Vers, wie er mit Recht behauptet, nicht von Paulus geschrieben sein könne. Delitzsch lässt das Uebrige im Auftrage und unter Mittheilung der Hauptgedanken von Lukas schreiben, die Schlussworte von 13, 18 an sollen aber auch ganz in Pauli Weise lauten und namentlich soll V. 25., sei es unmittelbar oder mittelbar, Pauli eigenthümlichen apostolischen Schlusssegen und Scheidegruss enthalten, womit seine letzlich paulinische Abkunft besiegelt *) werde. Paulus habe Hebr. 2, 3., welches er nicht selber habe schreiben können, doch stehen (!) lassen können. Endlich Ebrard weiss, dass Lukas Alles bis 13, 21. im Namen Pauli geschrieben hat, dass er aber von da an bloss in s e i n e m Namen geschrieben habe, durch welche sehr unwahrscheinliche Annahme Ebrard scheint erklären zu wollen, wie Paulus während seiner römischen Gefangenschaft der wenigstens mittelbare Verfasser des Briefs sein könne, obgleich der Verfasser von V. 23 unstreitig auf f r e i e m Fusse war. Dagegen meint er, es habe auch Paulus, welcher die Unabhängigkeit seines Evangeliums von j e d e m Menschen, auch den unmittelbaren Jüngern des Herrn und Aposteln, bekanntlich betont, vgl. m. Comment. zu Gal. 1, 1., Hebr. 2, 3. schreiben können, dass die Erlösung durch Christum von den H ö r e r n Jesu ihnen zuverlässig überliefert worden sei. Wir ersehen hieraus, dass das Bedürfniss, den wenigstens mittelbaren Ursprung des Briefs nachzuweisen, die Annahme eines im T e x t e nicht im mindesten angezeigten, also durchaus unwahrscheinlichen Epilogs hervorgerufen hat, der, worüber man sich auch noch streitet, entweder von Paulus oder von Lukas in seinem eigenen Namen, verfasst sein soll.

Endlich macht es insbesondere der Vergleich der Lehrweise unsers Briefs mit der paulinischen durchaus unwahrscheinlich, dass ein abhängiger Paulusschüler, und zwar im Namen des Paulus, dessen dogmatische Gedanken wiedergebend, den Brief verfasst habe. Auch die neueste ausführliche Untersuchung über die Lehre des Hebräerbriefs von *Riehm* ist wieder zu dem Resultate gekommen, dass wir in demselben keine bloss nach paulinischem Muster wiedergegebene, sondern eine mehrfach selbständige Darstellung der christlichen Lehre haben. Um hier nicht zu weitläuftig zu werden, so leuchtet einerseits die grosse Verwandtschaft unsers Briefs mit der Pauluslehre ein, sofern die göttliche und doch wahrhaft menschliche Seite der Person Christi, die sühnende Kraft seines Todes und im Zusammenhange damit namentlich auch die durch Christum eingetretene Abrogation des mosaischen Gesetzes und insbesondere der mosaischen Versöhnungsanstalt Hebr. 7, 18. 19., wie doch auch wieder das Vorbildende und Vorbereitende des alttestamentlichen Gesetzes Hebr. 10, 1. in ähnlicher Entschiedenheit wie bei Paulus hervorgehoben wird, eben diese nicht zu verkennende Verwandtschaft in der Lehre ist das Wahre an der Vermuthung der

*) S. im Comment. S. 700. 704.

alexandrinischen Väter, welche unsern Brief wenigstens mittelbar auf den Paulus zurückführen wollten. Andererseits ist, abgesehen von dem stilistischen Ausdruck, die Betrachtungsweise und dogmatische Terminologie wieder so selbstsändig, dass sie überhaupt keinem bloss abhängigen Paulusschüler beigelegt werden kann, zumal wenn derselbe, wie die betreffende alte Tradition will, nur paulinische Gedanken in Pauli Namen niedergeschrieben haben soll. Allerdings hat die $\pi i\sigma\tau\iota s$ auch im Hebräerbriefe eine centrale Stellung, wie aus Hebr. 4, 2. 6, 12. 10, 38 ff. 11, 1 ff. hervorgeht, und vermittelt das Leben und die Gerechtigkeit vor Gott oder Gottwohlgefälligkeit Hebr. 10, 38. 39. 11, 7. Aber, was mir bei einem auf Paulus zurückgehenden Briefe, welcher so ausführlich vom Glauben handelt, ganz undenkbar scheint, die $\pi i\sigma\tau\iota s$ wird zwar als Zuversicht zu Gott, zum Worte Gottes oder zu den im göttlichen Worte zugesagten Dingen 6, 1. 11, 1. 4, 2., aber an keiner einzigen Stelle als $\pi i\sigma\tau\iota s$ 'Iησοῦ Χριστοῦ oder $\epsilon i s$ und $\epsilon v$ Χριστῷ 'Iησοῦ, was der übliche paulinische terminus des rechtfertigenden Glaubens ist, bezeichnet. Ferner wird die Gottwohlgefälligkeit nicht begründet, wie bei Paulus, durch den als $\delta\iota\varkappa\alpha i\omega\sigma\iota s$ bezeichneten Act Gottes, wohl aber durch den verwandten Begriff des $\dot{\alpha}\gamma\iota\dot{\alpha}\zeta\epsilon\iota v$ und $\dot{\alpha}\gamma\iota\dot{\alpha}\zeta\epsilon\sigma\vartheta\alpha\iota$ 2, 11. 10, 10. 14. 29. 13, 12. vgl. 9, 13., d. i. der Entsündigung, welche zwar in dem göttlichen Willen gegründet ist 10, 10., aber doch so zu Stande kommt, dass Christus nicht bloss für Alle das in seinem Tode bestehende Sündopfer dargebracht hat, sondern es auch dem Einzelnen kraft seiner fortdauernden hohenpriesterlichen Thätigkeit zueignet; vgl. auch den Begriff des $\dot{\rho}\alpha v\tau i\zeta\epsilon\iota v$ u. $\dot{\rho}\alpha v\tau\iota\sigma\mu\dot{o}s$ 10, 22. 29. 12, 24 vgl. 9, 13. 19. 21. Christus ist der $\dot{\alpha}\gamma\iota\dot{\alpha}\zeta\omega v$ 2, 11., nicht Gott, während Gott bei Paulus der $\delta\iota\varkappa\alpha\iota\tilde{\omega}v$ ist, und nicht Christus. Bei Paulus kommt weder der Begriff des $\dot{\rho}\alpha v\tau i\zeta\epsilon\iota v$ vor, (s. dagegen 1 Petri 1, 2.), noch auch das $\dot{\alpha}\gamma\iota\dot{\alpha}\zeta\epsilon\iota v$ im Sinne des Hebräerbriefs. Es fehlt ferner nicht nur der paulinische terminus der $\ddot{\epsilon}\rho\gamma\alpha$ $v\dot{o}\mu ov$, sondern es ist sogar der dem Paulus unbekannte terminus der $v\epsilon\varkappa\rho\dot{\alpha}$ $\ddot{\epsilon}\rho\gamma\alpha$ 6, 1. 9, 14. an die Stelle getreten. Letztere sind, wie namentlich aus 9, 14. erhellt, Werke, in denen kein Leben ist, die nicht mit Lust und Liebe gethan werden, weil nicht im heiligen Geiste, also bloss legale Werke, zu welchen alle des Gebots wegen vollbrachten Werke des natürlichen Menschen, nach dem Zusammenhange namentlich auch die opera ritualia des mosaischen Gesetzes gehören. Ueber die davon verschiedene Bedeutung der paulinischen $\ddot{\epsilon}\rho\gamma\alpha$ $v\dot{o}\mu ov$ vgl. meinen Comment. zu Gal. 2, 16. Man vermisst ferner den bei Paulus üblichen Gegensatz von $\sigma\dot{\alpha}\rho\xi$ und $\pi v\epsilon\tilde{v}\mu\alpha$, und abgesehen davon, dass die Bezeichnungsweise der Person Christi auch sonst mehrfach abweicht, vgl. *Credner*, Einl. S. 546, so dominirt in der Betrachtungsweise unsers Briefs über Christum und sein Werk der Ausdruck und Begriff Christi als des ewigen Hohenpriesters ($\dot{\alpha}\rho\chi\iota\epsilon\rho\epsilon\dot{v}s$), während bei Paulus nicht nur der Ausdruck fehlt, sondern auch von dem hier herrschenden Begriffe zumal in seiner concreten Bestimmtheit nur einzelne leise Andeutungen sich finden. Hiernach wird man zwar eine grosse Verwandtschaft der Lehrweise unsers Briefs mit

den paulinischen Grundanschauungen nicht verkennen können, welche auch durch die Genossenschaft des Timotheus Hebr. 13, 23. bestätigt wird, gleichwohl aber sich scheuen, den Verfasser unsers Briefs für einen aus Eingebung und im Auftrage des Paulus schreibenden, oder auch nur von diesem durchaus abhängigen Paulusschüler\*) zu halten, da derselbe grade die Centralbegriffe des christlichen Glaubens mehrfach eigenthümlich und selbstständig gestaltet. Endlich ist auch die Behandlung des Alten Testaments in mehrfacher Hinsicht nicht paulinisch. Schon die Art, wie dasselbe citirt wird, weicht von Paulus ab. Während Paulus nämlich das Alte Testament überwiegend durch die Formeln καθὼς γέγραπται und γέγραπται γάρ oder durch eine mit γραφή gebildete Formel einführt und namentlich Gott statt γραφή oder des bestimmten biblischen Verfassers nur an einigen wenigen Stellen zum Subjecte des λέγει macht, nämlich 2 Cor. 6, 16. 17. Röm. 9, 15. 25. 2 Cor. 6, 2. Gal. 3, 16., also nur an Stellen, wo Gott als redend eingeführt wird, so finden sich im Hebräerbriefe einerseits die mit γέγραπται oder γραφή gebildeten Wendungen gar nicht und andererseits ist in den Citationsformeln dieses Briefs vorwiegend Gott, an zwei Stellen auch der heilige Geist, 3, 7. 10, 15. als Subject gebraucht. Auch findet sich statt λέγειν an einzelnen Stellen μαρτυρεῖν und διαμαρτύρεσθαι Hebr. 2, 6. 7, 17. 10, 15. Der Verfasser des Hebräerbriefs ferner folgt strenger als Paulus den Worten der LXX., und zwar selbst da, wo der hebräische Grundtext bedeutend abweicht wie 1, 6. u. 10, 5., und was insbesondere gegen einen abhängigen Schüler in der Umgebung des Paulus spricht, er trifft überwiegend mit dem Texte des cod. Alex. gegen den cod. Vatic., Paulus dagegen mit dem Texte des cod. Vatic. gegen den cod. Alex. zusammen, wie dies Alles bereits von Bleek a. a. O. S. 338 ff. sehr eingehend gezeigt ist. Namentlich ist auch die typische Behandlung des Alten Testaments in unserm Briefe eine so weit greifende, wie sie Paulus auch in den Stellen Gal. 3, 16. 4, 22 ff., wozu ich meinen Commentar zu vergleichen bitte, nicht geübt · hat. Ich denke dabei insbesondere an die Stelle von Melchisedek Hebr. 7, 1 ff. Allerdings weiss ich, dass gerade diese Typologie bei mehreren angesehenen Theologen der Gegenwart unsern Brief zu grossem Ansehen gebracht hat. Aber ich befürchte, dass eine alttestamentliche Typologie ohne feste Regeln der sichern Schrifterkenntniss die grössten Gefahren bringen muss, worüber ich mich a. a. O. unter Anführung der Warnungen Luther's

---

\*) Namentlich kann daher auch der Paulusschüler Lukas nicht Verfasser sein, wie auch durch die Schriften desselben bestätigt wird, welche die bei Paulus üblichen Citationsformeln des Alten Testaments und eine ähnliche Bezeichnungsweise der Person Christi bieten, welche ἡ εἰς Χριστὸν πίστις haben und auch das paulinische δικαιοῦσθαι ἐκ πίστεως ἐν Ἰησοῦ in einer Rede des Paulus Apostg. 13, 39., vgl. Luk. 18, 14., so dass Lukas, zumal er im Auftrage des Paulus geschrieben haben soll, diese paulinischen Begriffe gewiss würde hervorgehoben haben. Einige Berührungen des Hebräerbriefs mit den Schriften des Lukas im Wörtervorrath, wie sie von *Grotius*, *Delitzsch*, A. hervorgehoben werden, wollen gegen solche innern Unterschiede nicht verfangen und sind auch an sich selber von wenig Gewicht, vgl. *Riehm* a. a. O. S. 886. Note.

und Calvins weiter ausgesprochen habe. Ich meine zwar nicht, dass der Melchisedek der Genesis von unserm Verfasser als über menschliches Wesen gedacht sei, was in verschiedenem Sinne in alter Zeit z. B. Origenes, Didymus und die Melchisedekianer, in neuerer Zeit Bleek und Schumann angenommen haben; denn das ἀπάτωρ, ἀμήτωρ, ἀγενεαλόγητος, ferner das μήτε ἀρχὴν ἡμερῶν μήτε ζωῆς τέλος ἔχων sagen, wie auch seit alter Zeit gemeiniglich behauptet wird, von dem alten Melchisedek nur aus, dass in der betreffenden Schriftstelle von seinem Vater, seiner Mutter und überhaupt seinem Stammbaume, von seinem Geburts- und Todesjahre in typisch bedeutsamer Weise geschwiegen sei, welche Auffassung als die allein richtige auch durch das folgende ἀφομοιώμενος δὲ τῷ υἱῷ τοῦ θεοῦ bestätigt wird, da er hier als in jener Stelle dem Sohne Gottes ähnlich gemacht, d. h. als Gleichniss oder Typus des später erscheinenden, sein •vorbildlich beschriebenes Wesen wahrhaft darstellenden Sohnes Gottes Jesus Christus bezeichnet wird. Das μένει ἱερεὺς εἰς τὸ διηνεκές aber, wo, wie Bleek richtig hervorhebt, das εἰς τὸ διηνεκές für das εἰς τὸν αἰῶνα Hebr. 6, 20. vgl. 7, 17. 24. der Psalmenstelle nur besser griechisch lautet, hat, was gewöhnlich nicht erkannt wird, zu seinem Subjecte den οὗτος ὁ Μελχισεδέκ, d. h. den eben genannten (6, 20) Melchisedek der Psalmstelle, oder den wahren, antitypischen Melchisedek oder Messias, nicht den Melchisedek der Genesis, was anzunehmen nur nothwendig wäre, wenn ὁ Μελχισεδέκ ohne οὗτος, dessen Emphase überdies nicht zu verkennen ist, gesagt wäre, was aber auch durch das μένει ἱερεὺς εἰς τὸ διηνεκές vgl. 6, 20. 7, 24. — zu beachten ist auch das Präsens μένει — ausgeschlossen wird. Dieselbe Auffassung ergiebt sich endlich aus dem Zusammenhange. Mit Cap. 7. nämlich beginnt die Erläuterung der 6, 20. auf Grund von Ps. 110. ausgesprochenen Behauptung, dass Jesus Christus gemäss der Ordnung Melchisedek's Hoherpriester geworden sei in Ewigkeit. Diese Sentenz der Psalmstelle wird 7, 1 — 3. zugleich mit ihrem typischen Begründetsein in der betreffenden Stelle der Genesis, welche über Melchisedek und somit über die vom Psalmisten gemeinte τάξις Μελχισεδέκ handelt, von neuem als Thema hervorgehoben. Das γάρ V. 1. ist explicativ „nämlich" und den Nachdruck haben das Subject des Satzes οὗτος ὁ Μελχισεδέκ V. 1. und dessen Prädicat μένει ἱερεὺς εἰς τὸ διηνεκές V. 3., so zwar, dass die sämmtlichen Worte von βασιλεὺς Σαλήμ bis ἀφομοιώμενος δὲ τῷ υἱῷ τοῦ θεοῦ in Apposition zu ὁ Μελχισεδέκ stehen, um das Typische an dem Melchisedek in der Genesis hervorzuheben und somit das κατὰ τὴν τάξιν Μελχισεδέκ aus der alttestamentlichen Geschichte näher zu bezeichnen. Cap. 7, 4—10. wird der Blick aber noch genauer auf den gerichtet, welcher den Abraham gezehntet und gesegnet hat, also auf den typischen Melchisedek der Genesis, um zu zeigen, dass dadurch der typische Königpriester Melchisedek als grösser habe dargestellt werden sollen als wie Abraham und das Priesterthum der Leviten. Erst 7, 11 ff. geht der Verfasser zur genauern Analyse von Ps. 110 über und handelt auf Grund desselben von der Erhabenheit des wahren

Melchisedek, welcher ein höheres ewiges Priesterthum einführend das levitische mit seinen ungenügenden Sühnmitteln ein für alle Mal abgeschafft habe. Es ergiebt sich also aus 7, 1 — 10., dass der Verfasser unsers Briefs eine typologische Betrachtung der in der Genesis berichteten Geschichte des Melchisedek hat, wobei nicht nur Alles, was über ihn gesagt wird, bis auf die Namen herab, sondern sogar auch das, was nicht gesagt wird, wie nach V. 3, dass von seinem Vater, seiner Mutter, überhaupt von seinem Stammbaume nicht die Rede ist, und nach V. 3. und V. 8., dass sein Geburts- und Todesjahr nicht erwähnt und von seinem Leben, nicht auch von seinem Tode geredet wird, typisch bedeutsam sein soll. Es lässt sich wohl nicht leugnen, dass die typologische Ausdeutung nach der Weise der Rabbinen und Philos auf manches minder Wesentliche in der biblischen Darstellung ein zu grosses Gewicht legt und namentlich jene Auslassungen mit Rücksicht auf den Sinn des Ganzen, zumal in dieser Ausdeutung, mehr oder weniger zufällig zu sein scheinen. Dass die Alexandriner nach ihrer Lehre vom geheimen Schriftsinne an solchen Stellen gar keinen Anstoss, sondern Gefallen fanden, lässt sich begreifen. Wenn aber in der alten Kirche auch wegen des Schriftgebrauchs, wie Hieronymus berichtet, vgl. S. 27. unser Brief als wahrhaft kanonisch bestritten ward, so mag dabei auch an unsere typische Ausdeutung gedacht sein. Zum Schlusse soll hier noch betont werden, dass die für die Heilsgeschichte typische Bedeutung des alten Königpriesters Melchisedek nicht nur an sich selber einleuchtet, sondern auch durch Ps. 110 bestätigt wird, welches Psalmenwort unserm Verfasser zusammen mit dem Lichte der Erfüllung in Jesu Christo die Veranlassung seiner Deutung geworden ist, dass daher das Resultat, wenn auch nicht die Form seiner Deutung eine wesentlich richtige ist und letztere dadurch von den Willkürlichkeiten des Rabbinismus wiederum himmelweit sich unterscheidet.

Nachdem wir gezeigt haben, dass weder Paulus noch ein von ihm ganz abhängiger Paulusschüler unsern Brief geschrieben hat, kann unter den S. 35 ff. Genannten nur noch an Barnabas oder Apollos gedacht werden, und zwar scheint mir Alles für Barnabas zu sprechen. Ein Hauptgrund ist zunächst die kirchliche Ueberlieferung, welche der Abfassung durch Barnabas im Allgemeinen durchaus günstig ist, vgl. S. 30 ff. 34 ff., zumal wenn wir bedenken, dass im Texte selber den oberflächlichen Blick Nichts grade auf den Barnabas zu führen schien, Einiges vielmehr, da die spätere Geschichte desselben auch den kanonischen Schriften weniger bekannt war, eher gegen diese Annahme sprechen konnte. Wir haben hier also wahrscheinlich nicht bloss eine alte, ziemlich verbreitete Ueberlieferung, sondern zugleich eine solche Ueberlieferung vor uns, die ursprünglich nicht bloss aus innern Gründen geschöpft hat. Wenn unser Brief schon wegen seiner vorzugsweisen Behandlung der Geschichte und Einrichtungen des Alten Testaments nur von einem Judenchristen und wegen der Art seiner Benutzung der LXX. und seines guten griechischen Stils von einem

Hellenisten geschrieben ist, so passt dieses zu Barnabas, welcher nach Apostg. 4, 36. aus Cypern stammte. Die Selbstständigkeit seiner Lehrweise ungeachtet ihrer nicht zu leugnenden grossen Verwandtschaft mit der des Paulus, welche wir im Vorhergehenden gesehen haben, passt kaum zu einem Andern so gut, als zu Barnabas, welcher schon vor Paulus Christ geworden war und ihm gegenüber selbstständig blieb, aber doch auch wieder bedeutende geistige Berührungspunkte mit ihm haben musste, da er ihn nicht nur zu sich nach Antiochien holte, sondern auch mit ihm längere Zeit gemeinsam an den Heiden arbeitete und noch in der Gal. 2, 9. erwähnten Uebereinkunft der Apostel zugleich mit Paulus mit der Predigt unter der Völkerwelt betraut wurde, vgl. auch Apostg. 15, 2. 12. 25. Gal. 2, 13. Für ihn, den Heidenboten, war es natürlich, dass er ähnlich wie Paulus die zur Heilsbegründung durchaus unzulängliche Kraft des Alten Bundes und seine Aufhebung in Christo Jesu erkannt hatte und betonte. Aehnlich, wie Paulus, der frühere Pharisäer, vor Allem die Wahrheit des Satzes, dass man durch ἔργα νόμου nicht selig werden könne, sondern allein durch die Gnade Gottes in Christo, in sich erfahren hatte, hatte Barnabas, der frühere Levit, das Ungenügende der alttestamentlichen Sühnanstalt erkannt und Christum als den wahren Hohenpriester nach der Weise Melchisedeks zum Mittelpunkte seiner Lehre, wie auch Lehrform (Terminologie) gemacht. Indem Barnabas aber als Verfasser des Hebräerbriefs an die Stelle des von Andern vorgezogenen Paulus tritt, werden wir nicht ärmer, sondern nur reicher an einer apostolischen Lehrerpersönlichkeit. Neuerdings ist die Selbstständigkeit unsers Verfassers in der Lehre Paulus gegenüber mit Recht von Mehreren hervorgehoben, namentlich von *R. Köstlin*\*) Theol. Jahrb. 1854. S. 477 ff., von *Ritschl*, Entstehung der altkath. Kirche (2. Aufl.) S. 159 ff., *Weiss* Stud. u. Krit. 1859. Heft 1. S. 142 ff. und *Riehm* a. a. O. S. 861 ff; nur scheinen mir die drei letztgenannten, auch Riehm, welcher freilich S. 866. mehrere Cautelen anbringt, zu weit zu gehen, wenn sie die Lehre unsers Briefs als ein Erzeugniss des palästinensischen urapostolischen Judenchristenthums ansehen. Vielmehr ist unser Brief rücksichtlich seiner Lehrart mit den Schriften des Paulus zusammenzustellen, aber seiner Selbstständigkeit wegen diesen zu coordiniren als das Werk des Hellenisten (des einzigen im Neuen Testamente ausser Paulus) und Heidenboten Barnabas, so zwar, dass er nicht ohne Anregung einerseits der Urapostel, von denen er bekehrt ward, und andrerseits des Apostels Paulus, mit welchem er länger gemeinsam wirkte, seine Lehre ausbildete, wobei auch zu beachten ist, dass die alttestamentliche Färbung seines Briefes theilweise durch seine Aufgabe, den vorwiegend

---

\*) Köstlin's Beweisführung a. a. O. S. 404 ff., dass der Verfasser selber der Gemeine angehöre und Alexandriner sei, scheint mir nicht gelungen. Aus der communicativen Redeweise von Stellen wie 2, 3. 13, 13. 12, 1. 2. kann dies doch schwerlich an sich selber folgen und 13, 7. 17. beweisen das Gegentheil.

aus Judenchristen bestehenden Lesern die in Christo geschehene Aufhebung insbesondere des alttestamentlichen Cultus zu erweisen, woran Etliche zu zweifeln angefangen hatten, bedingt ward. —

Weiter sprechen folgende Gründe für die Abstammung unsers Briefs von Barnabas. Dass Timotheus den Verfasser nach 13, 23. zu den Lesern begleiten soll, hat man auf Paulus oder auf einen Pauliner gezogen. Allein diese Angabe passt auch sehr wohl zu der Annahme von Barnabas als Verfasser. Timotheus muss nämlich nach Apostg. 16, 1. 2. vgl. auch 1 Tim. 1, 2., 2 Tim. 1, 2 ff., Phil. 2, 22., wornach er seinen christlichen Glauben von Paulus empfangen zu haben scheint, auf der Apostg. 13. u. 14. erwähnten Missionsreise, welche Paulus und Barnabas zusammen von Antiochien aus unternahmen, bekehrt worden sein. Auch des Barnabas Predigt mag zu seiner Bekehrung oder Gründung im Christenthume mitgewirkt haben. Jedenfalls war Timotheus aber damals zu dem angesehenen Heidenboten in ein genaueres Verhältniss gekommen, welches auch bei den späteren Begegnungen des Letztern mit Paulus Gal. 2, 9. 2, 11 ff. und sonst gefördert werden mochte. Nach Hebr. 2, 3. rechnet sich der Verfasser nicht zu den unmittelbaren Zuhörern Jesu, sondern zu denen, welche durch ihre Predigt zu Christo geführt waren. Dies passt zu Barnabas,[*] welcher nach Apostg. 4, 36. schwerlich ein Jünger Jesu, sondern ein Apostelschüler war, wie nicht nur aus der Verschweigung jener Eigenschaft, sondern namentlich auch aus dem Prädikat ὁ ἐπικληθεὶς Βαρνάβας ἀπὸ τῶν ἀποστόλων (vgl. V. 33 und 35.) hervorgeht. Mit Unrecht wollten ihn Einige in alter und neuer Zeit mit dem Joseph Barsabas Apostg. 1, 23., der in einigen Handschriften und Uebersetzungen fälschlich gradezu Barnabas genannt wird. identificiren. Hiergegen spricht auch, dass der Bericht über unsern Barnabas Apostg. 4, 36. der Art ist, dass Lukas von diesem vorher noch nicht kann geredet haben. Freilich will der Alexandriner Clemens Stromat. II. 20., vgl. auch Euseb. h. e. 1, 12., wissen, dass Barnabas einer der siebenzig Jünger gewesen sei, allein es ist ihm in diesem Punkte um so weniger Glauben beizumessen, als in dieser Sage die auf Verherrlichung des Barnabas gerichtete Absicht vorliegt. Das Gegentheil, dass Barnabas nur Apostelschüler gewesen sei, wird von Tertullian de pudicit. c. 20. (vgl. S. 20 ff.) auch ausdrücklich bezeugt. Es ist ferner wahr, dass Barnabas, wenn er der Verfasser des apokryphen Barnabasbriefes ist, unsern Hebräerbrief nicht geschrieben haben kann. Da aber jener, wie kaum zu bezweifeln steht, unächt[**] ist und wahrscheinlich im 2ten Jahrhunderte in Alexandrien

---

*) Durch ein Versehen behauptet *Riehm* a. a. O. S. 888. Note 2., ich habe die Identität des Apostg. 4, 36. erwähnten Barnabas mit dem bekannten Barnabas in m. Chron. des ap. Zeitalt. S. 505 ff. Anm. geleugnet.

**) Vgl. *Dressel,* Pattr. apost. p. VIII. sqq. *Hefele,* edit. pattr. apost. u. im Kirchenlexikon u. Barnabas. *Heberle,* in Herzog's Realencyklop. u. Barnabas. Unter Anderm ist auch die biblisch theologische Bemerkung Hefele's sehr treffend, dass der Verfasser des apokryphen Briefes im

verfasst ward, so ist der Umstand, dass dieses Nachbild des Hebräerbriefs dem Barnabas beigelegt wird, ein neuer Wahrscheinlichkeitsgrund für die Abstammung des letztern von Barnabas, vgl. Twesten a. a. O. S. 40. Hier lässt sich auch nachweisen, warum die Alexandriner Clemens und Pantänus, welche nach S. 34. vornämlich die Annahme des wenigstens mittelbaren paulinischen Ursprungs des Hebräerbriefs in der Kirche veranlasst haben, den Barnabas nicht als Verfasser zulassen konnten. Letzteres war dem Clemens und andern Alexandrinern schon desshalb unmöglich, weil sie den apokryphen Brief dem Barnabas wirklich beilegten, wie ihn denn Clemens öfter als Epistel des Apostels Barnabas citirt und Origenes als eine ἐπιστολή καθολική bezeichnet, vgl. auch Euseb. h. e. 3, 25. und dazu *Credner*, Gesch. des neut. Kanon S. 120. Hinzu kam, dass, wie wir eben sahen, Clemens den Barnabas für einen der 70 Jünger hielt, und aus diesem Grunde wegen Hebr. 2, 3. an der Abfassung des Hebräerbriefs durch Barnabas Anstoss nehmen musste. Die Alexandriner gewannen so überdies das Zwiefache, dass ihre gefeierten beiden Briefe noch zu höhern Ehren gelangten, der apokryphe Barnabasbrief, indem er zu einem ächten ward, der Hebräerbrief, indem er dem Apostel Paulus beigelegt ward. — Aus der Annahme ferner, dass Barnabas der Verfasser des Hebräerbriefs ist, erhält das Factum, dass die Leser desselben nach 6, 10. die ἅγιοι,[*] d. i. die Christen Jerusalems, wie wir später noch näher sehen werden, unterstützt hatten und noch fortwährend unterstützten, ein neues Licht. Es war nach Gal. 2, 10. ja eine heilige Pflicht, welche Barnabas mit Paulus auf sich genommen hatte, dass sie in den von ihnen zu stiftenden auswärtigen Gemeinen für die armen Christen Jerusalems sorgen wollten. Ueberhaupt schreibt unser Verfasser an seine Leser wie einer, der Autorität hat, obwohl er nicht zu ihren eigenen Vorstehern gehörte, 13, 7. 17., was, zusammengehalten mit dem bedeutsamen Inhalt, eine so angesehene Lehrerpersönlichkeit, wie Barnabas war, als Verfasser nahe legt.

Folgende Gründe hat man der Abfassung des Hebräerbriefs durch Barnabas entgegengestellt. Sein Verfasser schreibe ein besseres und gewandteres Griechisch als Paulus. Nun aber habe Paulus nach Apostg. 14, 12. eine grössere Gabe der Rede gehabt als Barnabas. Folglich könne der Letztere unsern Brief schwerlich geschrieben haben. So *Bleek* a. a. O. S. 419 ff. und selbst noch *Ebrard*, Comment. S. 455. Allein längst ist darauf erwidert, dass einen bessern Stil schreiben und das Wort führen im mündlichen Gespräch verschiedene Dinge sind, und selbst Gegner der Abfassung des Briefs durch Barnabas, wie *Lünemann* und *Riehm*, räumen ein, dass der

damaligen jüdischen Ceremonienwesen lauter Thorheit und fleischlichen Missverstand des von Gott geistlich und symbolisch Gemeinten finde, was zu dem bekannten Barnabas, dem frühern Leviten, vgl. auch Gal. 2, 13., nicht passt.

[*] οἱ ἅγιοι steht hier wie 1 Cor. 16, 1. vgl. V. 3. 2 Cor. 8, 4. 9, 1. Röm. 15, 25 — 32. Dass bei τοῖς ἁγίοις an auswärtige Christen zu denken ist, folgt schon daraus, dass sonst etwa ἀλλήλοις zu sagen war. Auch *Ewald*, *Köstlin* A. erklären das ἅγιοι in obigem Sinne.

*Apostg.* 4, 36. erwähnte Beiname Barnabas, d. h. υἱὸς παρακλήσεως, zusammengenommen mit der Hebr. 13, 22. gegebenen Bezeichnung unsers Briefs als λόγος τῆς παρακλήσεως, unserer Annahme günstig sei. Um von einer erst aus ziemlich später Zeit stammenden Sage, nach welcher Barnabas nicht lange nach seiner Trennung von Paulus in Cypern das Martyrium erlitten haben soll, ganz zu schweigen, so will *Hefele* a. a. O. daraus,*) dass Markus um 62 nicht mehr in der Gesellschaft des Barnabas sich befindet, sondern in der des Paulus Col. 4, 10. Philem. 24. 2 Tim. 5, 11. oder Petrus 1 Petri 5, 13., schliessen, dass Letzterer um jene Zeit nicht mehr am Leben gewesen sei. Allein noch Gal. 2, 1. 9. 13. u. 1 Cor. 9, 6. stellt uns die fortdauernde missionarische Thätigkeit des Barnabas vor Augen, und Col. 4, 10. lautet, als ob Barnabas noch lebe. Die Unsicherheit jenes Schlusses leuchtet überdies von selber ein und wird schon durch das Beispiel des Silas und, vorausgesetzt, dass, wie die Meisten annehmen, der erste Brief Petri n a c h den Briefen an die Colosser und Philemon geschrieben ist, sogar auch durch das Beispiel des Marcus, welche beide nach 1 Petri 5, 12. 13. beim Petrus sind, ohne dass Paulus bereits gestorben ist, widerlegt. Warum hätte Marcus sich auch nicht später wieder an Paulus anschliessen können! Gewichtiger scheint die Richtigkeit der Prämisse vorausgesetzt, der Einwurf *Bleek*'s, welchem Lünemann folgt, weil der Verfasser des Hebräerbriefs eine so wenig genaue Kenntniss von der Einrichtung des Heiligthums und Cultus im Tempel zu Jerusalem gehabt habe, so könne dies unmöglich der L e v i t Barnabas, welcher überdies länger in Jerusalem verweilte, gewesen sein. Allein die Prämisse ist schwerlich richtig, vielmehr glaube ich mit manchen Andern eine durchaus genügende Kenntniss des von ihm beschriebenen jüdischen Heiligthums und seines Cultus, wenn auch nicht aus den gewöhnlichen Gründen, bei dem Verfasser, wer er auch sei, annehmen zu müssen. So in jüngster Zeit auch *Riehm* a. a. O. S. 889., obwohl er sonst die Abfassung durch Barnabas bestreitet. Diejenigen, welche sich nicht scheuen, den neutestamentlichen Schriften auch gewichtigere Irrthümer beizulegen, sollten in diesem Falle doch bedenken, dass der Verfasser nach dem Inhalt seines Schreibens ein zu gescheuter und gewissenhafter Mann gewesen ist, als dass er grade diese Dinge, welche die in der Nähe des jüdischen Heiligthums wohnenden Leser viel besser würden gewusst haben, in seiner Belehrung derselben hätte betonen sollen, wenn er über sie so wenig unterrichtet gewesen wäre, zumal er aus den von ihm genau gekannten LXX sich leicht des Bessern hätte belehren lassen können. Eine Lösung dieses scheinbaren Räthsels werden wir später bei der Erörterung über die Leser unsers Briefs versuchen. Endlich sagt man — und Riehm weiss nur diesen Gegengrund als den ein-

---

*) Noch weniger kann man mit *Ebrard* Comment. S. 445. daraus folgern, dass Barnabas von Apostg. 14 an gänzlich zurücktrete und in den von Rom aus geschriebenen Briefen nirgends(!) erwähnt werde, was nicht einmal ganz richtig ist.

zigen geltend zu machen — nach Allem, was wir von Barnabas wissen und nach dem ausdrücklichen Zeugnisse des Apostels Paulus Gal. 2, 9. sei nicht die Juden-, sondern die Heidenmission als der besondere Lebensberuf des Barnabas anzusehen. Dieser Einwurf geht von der Voraussetzung aus, dass unser Brief ausschliesslich an Judenchristen und zwar palästinensische Judenchristen gerichtet ist, welche wir bei der Frage nach den Lesern genauer untersuchen werden und hier schon vorläufig als unrichtig bezeichnen. Aber selbst wenn unser Brief an blosse Judenchristen, sei's nun in Palästina oder Aegypten oder anderswo, geschrieben sein sollte, so würde ich es schon wegen der bekannten Stellung des Paulus zum Judenchristenthum zwar für durchaus unwahrscheinlich halten, dass dieser der Verfasser unsers Briefs wäre; aber wenn ich bedenke, welch ein geachtetes Mitglied der judenchristlichen Muttergemeine in Jerusalem Barnabas nach Apostg. 4, 36 ff. 9, 27. 15, 25. gewesen sein muss und wenn ich noch die Stellen Apostg. 11, 19 ff. 15, 37 ff. vgl. 13, 13. Gal. 2, 13. hinzunehme, so scheint mir jene Annahme durchaus nicht so unwahrscheinlich zu sein, auch wenn man nicht, wie Riehm hervorhebt, voraussetzt, dass Barnabas bald nach dem Apostg. 5, 37 ff. berichteten Vorfall mit Marcus auf den judenchristlichen Standpunkt zurückgegangen sei und, abgesehen von einigen Unterbrechungen, der Judenmission sich zugewandt habe. Man darf den besondern Lebensberuf der Heidenmission bei Barnabas nach Gal. 2, 9. aber auch nicht so verstehen, dass die Juden in den Heidenländern ausserhalb Palästina von seiner missionarischen Wirksamkeit wären ausgeschlossen gewesen, so wenig wie die Heiden Palästinas von der Wirksamkeit der Säulenapostel.*) Ja unter Umständen hätte Barnabas trotz jener Theilung der Wirkungskreise im Allgemeinen in einem Sendschreiben auch wohl an die Judenchristen Palästinas sich wenden können, wie ja Petrus an die kleinasiatischen Christen seinen ersten Brief richtete und später nach Rom ging und Johannes durch Schrift und Wort in seinem spätern Leben in den christlichen Kreisen Kleinasiens wirkte; doch mag es aus diesem Grunde wahrscheinlicher sein, dass die Leser unsers Briefs nicht in Palästina zu suchen sind, worüber wir bald weiter zu handeln denken.

Zum Schluss der Betrachtung über den Verfasser unsers Briefs wollen wir noch einige Augenblicke bei der neuerdings öfter ausgesprochenen Apolloshypothese verweilen. Zweierlei scheint diese Hypothese zu empfehlen, einmal die nach Apostg. 18, 24 ff. und 1 Cor. 3, 5 ff. 16, 12. im Allgemeinen vorauszusetzende Verwandtschaft der Lehrweise des Apollos mit der paulinischen, und dann, dass Apollos nach Apostg. a. a. O. ein der Schrift kundiger gelehrter Alexandriner war. Was den letztern Punkt betrifft, so hat man auf die von dem palästinensischen Judenthum vielfach verschiedene,

*) Vgl. meinen Comment. zu Gal. 2, 7. 9.

fast alexandrinische Weise unsers Briefes hingewiesen. Allein diese, so wie sie vorliegt, erfordert keinen Alexandriner von Geburt, sondern erklärt sich auch, wenn wir an den Cyprier Barnabas denken. In dem mit Aegypten eng zusammenhängenden Cypern huldigte man wie in Alexandrien und Cyrenaika einer geistigern Auffassung des Judenthums, vgl. Apostg. 11, 20. 6, 9. *Köstlin, Delitzsch* A. haben eine förmliche Benutzung der Schriften des Alexandriners Philo behauptet, mit *Tholuck*, Comment. (3. Aufl.) S. 80 ff. und *Riehm* a. a. O. S. 249 ff. 884. glaube ich sie bezweifeln zu müssen, obwohl die Autorschaft des Barnabas auch bei jener Annahme nicht ausgeschlossen sein würde. Was aber den ersten Punkt anlangt, so kommt neben der Verwandtschaft der Lehre des Apollos mit der paulinischen, welche ihm als Pauliner, der durch die Paulusschüler Aquila und Priscilla bekehrt ward und darauf in Ephesus mit Paulus nach 1 Cor. 16. zusammenlebte, gewiss beizulegen ist, auch seine Selbstständigkeit in Frage. Auch die letztere wird man ihm wohl in einem gewissen Grade zusprechen müssen, da es nach 1 Cor. 1, 12. in Corinth neben der Partei des Paulus eine Partei des Apollos gab. Die Selbstständigkeit der Lehrweise des Hebräerbriefs beruht aber nach S. 42. namentlich auch in dem, worin sich zugleich ein Zusammenhang mit dem u r a p o s t o l i s c h e n Judenchristenthum offenbart, und dieser Umstand scheint zu dem Alexandriner Apollos wenig zu passen. Diejenigen ferner, welche Apollos für den Verfasser des Hebräerbriefs halten, suchen fast insgemein seine Leser in Jerusalem und Palästina. Um aber an die berühmte, noch immer von Aposteln regierte jerusalemische Muttergemeine unsern Brief zu schreiben, dazu fehlte dem Apollos theils das Ansehen, theils ist nach dem, was wir über ihn wissen, ein näherer Zusammenhang desselben mit der jerusalemischen Gemeine schwer begreiflich, wie auch von *de Wette*, der sonst der Apolloshypothese nicht abgeneigt ist, im Comment. S. 126. hervorgehoben wird. Man müsste mit *Bunsen* dann mindestens an alexandrinische Leser denken. Ferner darf man es immerhin beachtenswerth*) finden, dass der römische Clemens, welcher den Hebräerbrief in seinem ersten Briefe wirklich gebraucht, diesen bei seinen Corinthischen Lesern nicht dadurch empfiehlt, dass er ihn als Brief ihres frühern Lehrers Apollos, von welchem er c. 47. ausdrücklich redet, bezeichnet. Endlich — und das ist noch einer der wichtigsten Gegengründe — scheint es mir eine sehr missliche Sache, bei einer solchen rein historischen Frage bloss auf die innern Gründe Gewicht zu legen, zumal diese in unserm Falle ziemlich unbestimmter Natur sind und die äussern Nachrichten über den Verfasser unsers Briefs in eine sehr frühe Zeit hinaufreichen. Ueberhaupt aber scheint es mir schwer begreiflich, dass Apollos, überdies auch ein in der heiligen Schrift und den apostolischen Vätern nicht unbekannter Name, in der alten Kirche nie und nirgends als Verfasser unsers Briefs sollte genannt sein, wenn er das wirklich gewesen wäre. Rücksichtlich

---

*) Vgl. *Köstlin* a. a. O. S. 444 ff.

der Schriften des Neuen Testaments finde
analoges Beispiel, dass die ganze kirchliche T
wie hier angenommen werden müsste. Wen
für besser halte als die meisten andern Hy
zuversichtlicher bei der Annahme, dass Bar
da mir hierfür sowohl die innern als auch di

is findet sich meines Erachtens kein irgend
chliche Tradition so durchaus abgeirrt sein sollte,
te. Wenn ich daher die Apolloshypothese auch
idern Hypothesen, so beharre ich doch um so
dass Barnabas den Hebräerbrief geschrieben hat,
s auch die äussern Gründe zu sprechen scheinen.